Richard Sternfeld

Das Verhältniss des Arelats zu Kaiser und Reich

Vom Tode Friedrichs I. bis zum Interregnum

Richard Sternfeld

Das Verhältniss des Arelats zu Kaiser und Reich
Vom Tode Friedrichs I. bis zum Interregnum

ISBN/EAN: 9783743496125

Hergestellt in Europa, USA, Kanada, Australien, Japan

Cover: Foto ©Suzi / pixelio.de

Weitere Bücher finden Sie auf **www.hansebooks.com**

Das

Verhältniss des Arelats

zu

Kaiser und Reich

vom

Tode Friedrichs I. bis zum Interregnum.

———

Ein Beitrag

zur

Geschichte Kaiser Friedrichs II.

von

Dr. Richard Sternfeld.

Berlin.

VERLAG VON WILHELM HERTZ

(BESSER'SCHE BUCHHANDLUNG).

1881.

Seinem

verehrten Lehrer

Dr. F. KROSTA,

Oberlehrer am Kneiphöfischen Gymnasium

zu Königsberg i/Pr.,

in Dankbarkeit zugeeignet.

Es sei mir an dieser Stelle verstattet, meinem verehrten Lehrer, Herrn Prof. Harry Bresslau, dem diese Dissertation Anregung und freundlichste Förderung verdankt, meinen innigen Dank auszusprechen.

Berlin, Dezember 1880.

Richard Sternfeld.

Die nachstehende Untersuchung wird sich damit beschäftigen, das Verhältniss des Königreichs Arelat zum deutschen Kaiser und Reich in der Zeit vom Antritt Heinrichs VI. bis zum Tode Friedrich's II. darzulegen.

Das Verhältniss Burgunds zum Reiche von der Erwerbung durch Konrad II. bis zum Tode Friedrichs I. klar gestellt zu haben, ist das Verdienst G. Hüffers.[1]) Im ersten Theil seiner kleinen Schrift hat er zum ersten Male eine zusammenhängende Erzählung der Schicksale Burgunds in dieser Zeit gegeben und die anfangs geringen, allmählich wachsenden Beziehungen dieses Landes zu den deutschen Kaisern verfolgt; im zweiten Theile hat er, gestützt auf die Arbeiten Fickers im „Reichsfürstenstand", die staatsrechtliche Stellung der burgundischen Grossen untersucht, vor Allem ihre Zugehörigkeit zum jüngern Reichsfürstenstande. Mit dem Jahre 1190 schließt Hüffer seine Darstellung, nachdem wir noch gesehen haben, wie der junge König Heinrich schon durch verschiedene Akte in die Regierung Burgunds eingegriffen hatte.

Eine Fortsetzung dieser Arbeit zu liefern schien nicht unnütz zu sein, besonders als sich bei näherem Eingehen erwies, dass für die Frage nach der Souveränetät der Kaiser im Arelat gerade die folgende Zeit, vor Allem die Regierung Friedrichs II. von höchster Wichtigkeit sei, indem damals in der ersten Hälfte des 13ten Jahrhunderts durch die erfolgreiche Bemühung des Kaisers eine Verbindung des Arelats mit dem Reiche hergestellt wurde, wie sie weder vorher noch nachher jemals in gleicher Festigkeit und Realität erreicht worden ist. Durch eine Darlegung dieser Verhältnisse ge-

---

1) „Das Verhältniss des Königreichs Burgund zu Kaiser und Reich, besonders unter Friedrich I." Paderborn 1874. Auf diese Arbeit verweise ich für den Zeitraum bis 1190.

1

wann aber nicht nur die Geschichte des Arelats neues Leben, sondern es trat auch eine Seite der Thätigkeit der letzten Staufer zu Tage, welche, obwohl noch wenig beachtet, doch in politischer wie administrativer Hinsicht des Interessanten genug darbietet.

Da es an Geschichtsschreibern für dieses Gebiet vollständig mangelt, so musste die Arbeit eine urkundliche werden, und man ist in der glücklichen Lage, die große Masse von Kaiser-Urkunden für Arelat, soweit sie noch vorhanden sind, in guten Publicationen bei der Hand zu haben. Stumpf, Huillard-Bréholles, Ficker, Chevalier, ganz zuletzt noch Winkelmann haben uns mit den erhaltenen burgundischen Kaiser-Diplomen bekannt gemacht und auch die Privat-Urkunden sind uns in reicher Anzahl veröffentlicht.

Von neueren Darstellungen wäre für das Arelat unter Friedrich II. nur Huillard-Bréholles zu erwähnen, welcher in der Introduction seiner „Hist. diplom. Frid. sec." („Chap. III") in allgemeinen Zügen die Autorität des Kaisers in Burgund feststellt. Für staatsrechtliche Fragen bietet Ficker reiche Anweisung; bei Toeche und Winkelmann sind für die Regierungen Heinrichs VI., Philipps und Ottos die zugehörigen arelatischen Nachrichten eingereiht. Sonst ist man auf die veralteten und mittelmäßigen Compilationen des vorigen Jahrhunderts, wie sie gerade für Städte und Geschlechter des Arelats sehr zahlreich vorhanden sind, angewiesen.

Einleitung.

Das Arelat unter Heinrich VI., Philipp und Otto IV.

I. Das Arelat unter Heinrich VI.

Von der Regierung Heinrichs VI. an beginnt für Burgund und besonders für den südlichen Theil des Reiches ein neuer, wichtiger Abschnitt. Mit der Erwerbung der normännischen Besitzungen in Sicilien, mit der Festsetzung der staufischen Macht in Mittel-Italien musste sich auch die Stellung des Arelats ändern, musste seine Bedeutung für das Reich sich steigern. Das Arelat bot eine bequeme Verbindung zwischen Italien und Deutschland dar: die Wasserstraße der Saone und des Rhône, die geringe Entfernung Marseille's von den wichtigsten italienischen Häfen Genua und Pisa hatten schon lange hier einen frequenten Handelsweg von Italien über Arles nach Lyon und Basel geschaffen: wohl konnten es auch die Kaiser zuweilen vorziehen, von Bisanz längs des Rhône an's Meer und nach dem befreundeten Pisa zu gelangen, als den beschwerlichen Weg über die Alpen zu machen; und gar im Falle eines neuen Krieges mit den lombardischen Städten war es sehr geboten, sich den Weg durch das Arelat offen zu halten, um der Gefahr einer Verlegung der Alpenpässe zu entgehen.

Bildete so das Arelat eine wichtige Verbindung zwischen Deutschland und Italien, so musste auch die jetzt erfolgte engere Verknüpfung des letztern und der häufigere und längere Aufenthalt der Kaiser daselbst dazu dienen, das Arelat fester an's Reich zu ketten. Früher — und dies ist noch bis 1215 c. das gewöhnliche — hatten die südburgundischen Großen gewöhnlich die weite Reise zum Kaiser nach Speier, Hagenau, Basel u. s. w. machen müssen, um ihre Privilegien und Bestätigungen zu erhalten; jetzt konnten sie den Kaiser in Italien viel bequemer erreichen; und in der That sehen wir nun, besonders aber unter Friedrich II., die Reisen der burgundischen Großen zum Kaiser sich sehr bedeutend vermehren und dadurch ihren Zusammenhang mit dem Reiche wachsen; waren ja

1*

doch diese Besuche der Hoftage die hauptsächlichste Förderung dieses Zusammenhangs.   Allerdings war hiermit auch gegeben, dass, sowie mit dem Tode Friedrichs II. der längere Aufenthalt der Kaiser in Italien aufhörte, sich auch die Verbindung des Arelats mit dem Reiche löste: den Bischöfen, die sich gewöhnt hatten, den Kaiser in Italien aufzusuchen, fiel es nicht mehr ein, nun wieder, wie früher, nach Deutschland zu ziehen; die Reisen zu den Hoftagen hörten allmählich auf und damit auch fast ganz die Verbindung der burgundischen Großen mit dem kaiserlichen Hofe. — — — —

Und wenn schon durch die Festsetzung der staufischen Macht in Italien auch die Stellung Burgunds sich änderte, so wuchs überdies seine Bedeutung durch die veränderte Politik, wie sie jetzt durch die großartigen Pläne Heinrichs VI. begründet wurde. Als deutsches Grenzland gegen Frankreich, gegen England — dessen continentale Besitzungen nicht weit von Burgund getrennt lagen — und gegen Aragon musste dem Arelat von Heinrich VI. eine um so größere Beachtung zu Theil werden, als gerade jene Reiche von ihm, viel mehr als von seinem Vater, in den Kreis seiner politischen Berechnung gezogen wurden.   Die drei Nachbarn des Arelats, Philipp II. August, Richard Löwenherz und Ildefons II., waren zugleich die gefährlichlichsten Rivalen der neuen staufischen Macht; und so sehen wir auch in den Akten des Kaisers in Betreff des Arelats diesen Gegensatz öfters klar hervortreten.

Gleich in der ersten Urkunde, die Heinrich VI., noch als römischer König, überhaupt einem burgundischen Großen ausstellte, nämlich in dem Vertrag[1]) mit Herzog Hugo III. von Dijon, finden wir eine Clausel, worin der Herzog als Vasall des Reichs[2]) verspricht, im Falle eines Angriffs des französischen Königs auf das Reich dem letzteren in eigener Person Hilfe zu leisten.[3])   In der großen Reihe der burgundischen Urkunden Friedrichs I. finden wir keine derartige

---

1) 5. Juli 1186, Orvieto; Pérard recueil de Bourg. 260, Gollut ed. Duvernoy 502 (extr.), vgl. Toeche Jahrb. H.'s VI. Reg. 9; Hüffer Burg. 61.

2) Für die 1183 erheirathete Grafschaft Albon; sonst ist der franz. Herzog von Dijon (i. e. Burgund) nicht Reichsfürst, sondern dem König von Frankr. lehnspflichtig. Vgl. Ficker, Reichsfürstenstand § 173.

3) Hoc quoque ratum similiter et firmum volumus observare, quod, si forte rex Francorum insultum fecerit imperio, tu in propria persona tua auxilium nobis praebebis de omni casamento, quod a nobis

Stelle, obwohl er doch öfters Grund hatte, sich gegen die Uebergriff Ludwigs VII. zu wahren.

Das feindliche Verhältniss Heinrichs zum König von Aragon, dem als Grafen von Provence das ganze Land südlich der Durance gehörte, tritt ebenfalls in mehreren Akten des Kaisers hervor. 1187 hatte er vom Markgrafen von Saluzzo das Stura-Thal, welches, die Umgegend beherrschend, in die Provence vorspringt, für 1750 Mark Silber und 50 Mark Goldes gekauft:[1] der Markgraf hatte es nicht gegen den Grafen von Provence vertheidigen können, in Heinrichs Hand war es ein für diesen sehr gefährliches Bollwerk.

Bezeichnender noch für Heinrichs VI. Absichten ist die Privilegien-Bestätigung für Genua von 1191.[2] Sein Vater hatte schon 1162 die Genueser zur Kriegshilfe verpflichtet: „si perdiderimus quod absit, civitatem aliquam de maritimis aut maritimas ab Arelate usque ad montem S. Angeli.“ Heinrich erneuert dies, fügt aber u. A. hinzu: „item concedimus Januensibus, ut licet eis edificare castrum super portum Monachi[3] ad honorem imperii ... ita, quod hoc castrum ab imperiali majestate teneant in feodo ... sub eo tenore, ut ipsum castrum sit expositum et paratum ad servicium imperii, cum nos vel aliquis successor noster voluerimus guerram facere Massiliensibus vel aliis de Provincia.“ Deutlich sehen wir hier, wie Friedrich I. sich defensiv verhält, dagegen sein Sohn bestimmt die Möglichkeit, wenn nicht die Absicht eines offensiven Vorgehens, zum Zwecke, die Kaisergewalt hier an der Rhônemündung wieder zu festigen und die Ansprüche des Königs von Aragon zu brechen, ausspricht.[4]

Am Ende des Jahres 1193 hören wir von einem Projekte Heinrichs, das, wenn es zur Ausführung gekommen wäre, die Zukunft des Arelats wesentlich anders gestaltet hätte, nämlich von der geplanten Verleibung desselben zu Lehen an Richard Löwenherz. Es war nicht das erste Mal, dass ein derartiger Plan hervortrat: der

---

habeas. Et si nos regi Franciae et regno ejus insultum fecerimus, tu similiter, in propria tua persona praestabis auxilium de omni casamento, quod de eo habes.

1) S. Toeche l. c. 83, 3 und 288, 3.

2) Monum. patr. hist. liber Juris Januens. I, 369.

3) i. e. Monaco.

4) Vgl. Toeche 361.

Vertrag Friedrichs I. mit Bertold von Zähringen[1]) (1152) hatte
ebenfalls bezweckt, das alte burgundische Königreich wieder herzustellen, es einem ergebenen Fürsten mit ziemlich selbstständigen
Befugnissen als Reichslehn zu übergeben und so das Arelat zu einigen und zu kräftigen, ohne die Abhängigkeit vom Reiche aufzugeben. Im Verlauf der nächsten Jahrhunderte werden wir diesen
Plan der deutschen Kaiser in verschiedenen Modificationen immer
wieder hervortreten sehen;[2]) doch sollten alle diese Versuche das
gleiche Schicksal theilen, nicht zur Verwirklichung zu kommen,
zum größten Schaden des Reichs, dem so seine Vormauer gegen
Frankreich, weil immer mehr zersplittert und entfremdet, allmählich verloren ging.

Der Grund, warum dieses Projekt von 1193 nicht zur Ausführung kam, war — wie auch 1152 — der, dass es offenbar den
Kaisern mit ihrem Plane nicht recht Ernst war: dort sehen wir
Friedrich I. gleich darauf selbst seine neue Ordnung umstoßen, hier
hören wir bald nachher überhaupt nichts mehr von der geplanten Ein-
richtung. Immerhin aber kann man auch hier deutlich verfolgen, wie
in den umfassenden Plänen Heinrichs VI. zur Gründung einer Welt-
macht auch das Arelat nicht vergessen war, sondern — als Bollwerk gegen Frankreich und Aragon, als Band zwischen Richard
von England und dem Kaiser -- einen starken Ring in der Kette
seiner hochfliegenden Entwürfe bildete.

Am 20. Dezember 1193 schreibt Heinrich VI. über die Freilassung ihres Königs an die Großen Englands;[3]) hier sagt er: „et
inde, in septem dies, posuimus ei diem coronationis suae de regno
Provinciae, quod ei promisimus; et hoc certum habeatis et indubi-
tatum." In einem Briefe an den Erzbischof von Canterbury bestätigt Richard I. genau diese Angabe des Kaisers.[4]) Roger von Hoveden, bei dem wir diese Briefe finden, führt dann in einem wichtigen Passus den Inhalt dieser Versprechungen näher aus: „practerea
praedictus Imperator dedit regi Angliae et charta sua confirmavit
has terras subscriptas: scilicet P r o v e n c i a m et V i a n a m et

---

1) G i n g i n s Mém. sur le rectorat de Bourg. 65 ff. H ü f f e r, Burg. 27 ff.
2) Vgl. F i c k e r, Reichsfürstenstand 224 f.
3) Roger d. Hoveden, b. B o u q u e t XVII, 561 f. Mon. Germ. Leg. II.
Vgl. T o e c h e 289 u. H ü f f e r Lyon 72 f.
4) Ibidem.

Vianais et Marsiliam et Narbonam et Arleblanc[1]) et Leun[2]) super Rhodanum usque ad Alpes et quicquid habet Imperator in Burgundia et homagium regis Aragoniae et homagium comitis de Disders[3]) et homagium comitis de S. Aegidii.[4]) Et est sciendum quod in his terris sunt V archiepiscopatus et XXXIII episcopatus. Dieses Detail bei Roger ist zu verwirrt und ungenau, als dass man diese Stelle als Theil eines officiellen Aktenstückes betrachten und aus den Einzelheiten Schlüsse ziehen dürfte.[5]) Denn 1) ist die Reihenfolge höchst verkehrt, 2) hat Narbonne nie zum Reiche gehört, 3) sind es nicht 5 Erzbisthümer, sondern, auch ohne Narbonne, 6: Lyon, Vienne, Tarentaise, Embrun,[6]) Aix, Arles. Die Zahl der Bisthümer ist natürlich auch falsch. Doch soviel scheint klar zu sein, dass die geplante Schenkung sich nur auf das Land südlich vom Rhône erstreckt hat.[7]) Die Pfalzgrafschaft Burgund kann als Besitzthum von Heinrichs Bruder Otto wohl nicht mit inbegriffen gewesen sein; wenn auch Roger sagt: „quicquid habet in Burgundia," so zeigt dies nur, wie verwischt dieser Begriff schon damals ist. Der Kaiser allerdings drückt sich mit „regnum Provinciae" etwas korrekter aus. — Bezeichnend für die Meinung der Zeitgenossen sind dann die folgenden Worte Rogers: „et est sciendum, quod supradictus Imperator nunquam praedictis terris et hominibus dominari potuit; neque ipsi aliquem dominum ad praesentationem Imperatoris recipere voluerunt." Auch in Zukunft sollte sich dies bewahrheiten.

Die Absicht des Kaisers bei dieser Schenkung fällt in die Augen; auf's geschickteste verband er sich Richard durch diese scheinbar so bedeutende Verleihung, machte ihn von sich abhängig, verfeindete ihn mit Frankreich, dem England jetzt zu gefährlich wurde, verhinderte einen directen Angriff Frankreichs auf's Reich

---

1) Arles.

2) Lyon.

3) Wohl Gr. v. Diois u. Valentinois.

4) S. Gilles i. e. Gr. v. Toulouse.

5) Wie dies Hüffer (l. c.) thut, indem er aus diesen Worten schließt, dass das Lyonnais nicht in der Vergabung einbegriffen war.

6) Dies übersieht Toeche, der die Angaben Rogers nachschreibt.

7) Hüffer läßt die Isère die Grenze bilden; doch erstreckt sich ja der Vianais nördlich bis zum Rhône.

und gab endlich dem zerfallenen Arelat einen Herrn. Wie gesagt, hören wir aber von der Ausführung dieses Plans nichts mehr, höchst wahrscheinlich hat die festgesetzte Krönung auch nicht stattgefunden. Vielleicht scheute sich Heinrich, der gleich nachher wieder mit Frankreich unterhandelte, einen Plan zur Ausführung zu bringen, der so ganz gegen jenes gerichtet war; vielleicht auch schien es ihm gefährlich, das Arelat aus Händen zu geben an einen Herrn, der in jenen Gegenden schon so mächtig war: er hätte versuchen können, es ganz vom Reiche loszureißen. Wenn Richard 1198 von Cöln her zur Kaiserwahl geladen wird, „sicut praecipuum membrum imperii" [1]) so geht dies, wie Ficker [2]) richtig meint, wohl darauf, dass Richard England von Heinrich VI. zu Lehen genommen hatte, nicht auf seine Belehnung mit Arelat. — Aus den Worten Rogers zu 1197: [3]) „Henricus . . . misit Savaricum Bathoniensem episcopum, consanguineum et cancellarium suum de Burgundia ad Richardum regem Angliae" geht nicht deutlich hervor, ob Savary des Kaisers oder Richards burgundischer Kanzler war; [4]) in beiden Fällen aber ist die Kanzlerwürde wohl nichts als ein Ehrentitel, den Savary 1193 erhalten haben mag, als er die Verhandlungen über die Freilassung Richards führte und dessen Belehnung mit dem Arelat im Werke war; auf eine Regierung Richards in Burgund hieraus zu schließen, ist jedenfalls nicht zulässig. — — — —

Sehen wir so Heinrich VI. in richtiger Erkenntniss der Wichtigkeit Burgunds immer darauf bedacht, dies Reich im Interesse seiner großen Politik auszunutzen, so tritt daneben aber seine Wirksamkeit in den inneren Angelegenheiten sehr zurück.

Gerade hierauf hatte sich Friedrichs I. Thätigkeit beschränkt; war er vielleicht den Uebergriffen Frankreichs nicht scharf genug

---

1) Bouqet XVII, 586.

2) Reichsfürstenstand 225.

3) Bouquet 587.

4) Allerdings müsste man suum auf Heinrich beziehen, wie auch alle (s. Abel König Philipp 315, Toeche 297 und 479, 3; Winkelmann, Jahrb. Philipps 489) es gethan haben; dann giebt es aber schlechterdings keinen Sinn, denn 1) ist Savary nicht consanguineus Heinrichs, 2) ist zwar von einem Erzkanzler von Burgund (Erzb. v. Vienne), aber nie von einem Kanzler die Rede.

entgegengetreten,[1]) so hatte er dafür versucht, durch neue innere
Organisation das Ansehn der deutschen Kaiser in dem fast ganz
entfremdeten Lande[2]) wieder zur Geltung zu bringen. Durch die
Heirath mit Beatrix, durch mehrmaligen Aufenthalt, durch seine
Krönung zu Arles hatte er es verstanden, die Rhôneländer enger
mit dem Reiche zu verknüpfen; vor Allem gelang es ihm durch
zahlreiche Privilegien-Verleihungen und Bestätigungen, Belehnungen
und Belohnungen die Großen des Landes — Geistliche wie Weltliche — an sich zu fesseln und für seine Politik zu interessiren,
wobei ihm seine Milde und sein Takt, mit dem er auf den Rath
derselben Rücksicht nahm,[3]) sehr zu statten kam; die Großen holten
daher nicht nur, wenn Friedrich in Burgund war, Urkunden in
großer Menge ein, sondern fanden sich auch häufig und zahlreich
bei ihm in Italien und Deutschland ein.

Sehr anders Heinrich VI. Bei ihm sind diese Beziehungen zu
den burgundischen Großen nur sehr spärlich zu finden und seine wenigen
Diplome für Burgund fallen zumeist in die Zeit vor 1190.[4]) Seine
kurze Regierung war ja mit wichtigeren Angelegenheiten erfüllt;
vielleicht verhinderte auch der Tod größere Neuordnungen für die
Rhôneländer.

Seiner ersten Urkunde von 1186 für Herzog Hugo III. von

---

1) Auf die politischen Beziehungen zwischen Arelat und Frankreich
hat Hüffer (Burgund) nicht genug Gewicht gelegt. Aus seiner Darstellung
geht nicht hervor, wie zur Zeit des Schisma eine Partei des A.'s mit
Ludwig VII. v. Frkr. gegen Friedr. I. conspirirte. Es war z. B. ein so bezeichnender Brief heranzuziehen, wie der Raimunds v. Toul. an Ludw. VII.
1164 (Bouquet XVI, 70): . . . Ex hoc enim comitatus quondam Dalphini
comitis, licet ad jurisdictionem Imperatoris pertinet, regni
vestri incrementum quasi quidam portus erit et porta (!) oder der
Brief der Mönche v. Grenoble (ibid. 128) an Ludw. VII., dann der des
Pabstes an denselben (ibid. XV, 852) und die Stelle bei Robert de Monte
zu 1163 (M. S. VI, 513).

2) „Potestatem romani Imperii, quae apud vos tam ad-
tenuata est et oblivioni proxima, prout oportet, reparare curabimus,
adeo, ut fideles nostros debitis honoremus beneficiis. Brief Lothars III. an
den Erzbisch. v. Arles 1136. M. G., L. II, 83.

3) S. z. B. Gallia christiana XVI., pr. 107 oder Charonnet bibl.
des écoles des chartes III, 5, 440: „laudante et assensum praebente Guillemo
comite Folcalcariensi et Arnoldo Flota.

4) Vgl. Hüffer Burg. 60 ff.

Burgund haben wir schon oben gedacht. — Etwas später[1]) bestätigte er dem Bischof Guiran von Apt die Privilegien von 1162 und 1178, nachdem dieser das hominium geleistet hatte.[2]) — 1187[3]) empfängt die Abtei Baume-les-Moins (südwestlich von Besançon) eine Confirmation der von Friedrich I. 1157 ihr zugesicherten Reichsunmittelbarkeit.[4])

Dann kam Heinrich im Juli 1188 selbst durch Burgund und weilte längere Zeit im Territorium von Lyon. Aus dieser Zeit sind uns vier Urkunden erhalten. Am 20. Juli[5]) nimmt er, wie sein Vater 1178, das Kloster Dourbou bei Gap in seinen Schutz. Am 21sten[6]) wahrt er das von Friedrich I. dem Bischof von Die verliehene Recht,[7]) allein im Bisthum Zölle zu erheben, in strengen Ausdrücken gegen die Uebergriffe Aimars von Poitou (Graf von Valentinois), Raimunds von Agout und Hugos von Aix und Eschafin, („fideles sui"). — Am 23. Juli[8]) findet eine Belehnung Humberts von Thoire, der am Ain nordöstlich von Lyon seine Besitzungen hatte, mit den Allodien Varey, St. André u. s. w. statt, die er zuvor dem Reiche aufgetragen hatte.

Wichtiger ist das am 27. Juli[9]) ertheilte Diplom für Valence. 1178[10]) hatten Bischof und Stadt Valence vor Friedrich I. eine Entscheidung ihres Streites erbeten. Die Bürger ersuchten den Kaiser um Bestätigung eines Briefes, den der Bischof ihnen einst „super regimine civitatis" gegeben hatte; der Bischof aber klagte, dass ihm derselbe — wohl abgepresst — nur zum Schaden gereiche. Der Kaiser sieht dies ein und stellt später, nach Berathung mit dem Erzbischof von Vienne und den barones und nobiles ein anderes Diplom

---

1) Stumpf Acta inedita 394. Gubbio, 9. August.

2) ... regalia nostra, quae vel de antiquo vel novo jure debet habere, de manu nostra per .... investituram recepit.

3) Turin, October. Toeche l. c. Reg. 49.

4) Vgl. Hüffer Burg. 110.

5) Charonnet l. c. III, 5, 441.

6 Böhmer act. imp. selecta n. 175 und Chevalier Academie delphin. II, 3, 23.

7) .. cum igitur sanctiones et statuta patris nostri velimus integra et inconvulsa conservari.

8) Toeche Reg. 55. Huillard-Bréholles hist. diplom. Friedr. II. V, 248 f.

9) 1188 Ambronay. Stumpf act. ined. 396.

10) Gallia Christiana XVI, pr. 106.

aus, das beiden Parteien gerecht wurde.[1]) Interessant ist es nun, wie Heinrich VI. zehn Jahre später diese Verfügung des Vaters einfach umstößt. „Um die Ergebenheit des Bischofs Fulco zu belohnen," bestätigt er ihm nämlich die volle Herrschaft und alle Rechte seiner Vorgänger in der Stadt Valence und hebt dann ausdrücklich die Concession seines Vaters auf, weil sie nach seiner Erkenntniss der Kirche Valence nur zum Verderben gereiche."[2])

Wie hier der Kaiser dem Bischof seine Macht über die nach Selbstständigkeit strebende Commune wiedergiebt, so befreit er im folgenden Jahre[3]) das Bisthum Sitten von der Oberhoheit des Grafen von Maurienne „aus deren Hand es seit einiger Zeit die Regalien empfangen hätte"; der Bischof wurde nun vom Kaiser belehnt und sollte auch fernerhin nur unter dem Reiche stehen und ihm nie entfremdet werden dürfen.

So sehen wir, wie Heinrich schon vor seiner Thronbesteigung die burgundischen Angelegenheiten mit kräftiger Hand zu ordnen sucht, wie er vor Allem bestrebt scheint, die Macht der geistlichen Grossen vom Drucke der weltlichen und der Communen zu befreien und sie, so gekräftigt, unmittelbar unter das Reich zu stellen. Nach seinem Regierungs-Antritt werden, wie schon gesagt, die Urkunden für Burgund seltener. Acht Jahre vergingen, ehe Heinrich wieder persönlich in Nord-Burgund erschien; nach den südlichen Gegenden ist er gar nicht gekommen.

1192, Ende April,[4]) finden wir zahlreiche nordburgundische Edle

---

1) Auch sonst recht wichtig: Statuimus, quod .. nec Odo nec aliquis successor in illa civitate exactionem seu collectam ullam ... faciat, excepto, quando vadit ad curiam vel facit manifestum imperii servicium ... Cives communitatis nullum faciant juramentum, nec aliquam jurent societatem sine arbitrio ... episcopi; et si fecerint, componant pro pena 100 libras auri, medietatem imperiali fisco, medietatem episcopo.

                                                              Ibidem.

2) Stumpf l. c.: non obstante concessione, quam Odo ... civitati jure vel privilegio (fecit), quod a serenissimo patre nostro Friderico ... dicitur pro praefata civitate impetratum; cujus privilegii tenorem ideo juribus carere sancimus, quia ipsum in perniciem Val. ecclesie vergere cognovimus.

3) 1189, 7. Mai Basel, Toeche Reg. 67. Vgl. Ficker l. c. 297, Hüffer Burg. 62 und 83.

4) Ueber das Datum s. Toeche Reg. 166 Anmerk. und Oefele Gr. v. Andechs Reg. 491.

beim Kaiser in Frankfurt, darunter Wilhelm von Mâcon und Vienne, den wir sehr oft am Hofe treffen werden,[1]) dann die Herren von Vergey, Muilens u. s. w. Heinrich gab hier eine wichtige Entscheidung,[2]) nämlich dass die Grafschaften Mâcon und Belley vom Herzog von Dijon zu Lehen gehen sollten und dass sein Bruder Otto, der Pfalzgraf von Burgund, ·sie von Ersterem empfangen müsste. Jedoch vermochte dieser unparteiische Spruch nicht, die wilden Fehden in diesen Gebieten zu verhindern.

1193[3]) erhielt der Bischof von Apt zu Lautern zwei kaiserliche Diplome; in dem ersten wird ihm erlaubt, Schenkungen anzunehmen; dann werden die Grenzen der bischöflichen Burg bestimmt und dem Bischof die Regalien über einige Güter gegeben; im andern wird ihm erlaubt, nach Belieben auf die Stadtmauer zu bauen. Es ist wichtig, dass der Bischof sich an den Kaiser wendet gerade in diesem Jahre, wo, wie wir sehen werden, der König von Aragon in der Gegend um Apt bedeutende Macht ausübt.

Als Heinrich 1196 nach Italien zog, nahm er seinen Weg vom Elsass durch Burgund; über Luxeuil und Vesoul zog er nach Bisanz, wo er einige Tage weilte. Am 8. Juli[4]) stellte er hier einen Schutzbrief für die Abtei Neuenburg, am 10.[5]) für das Stift St. Paul zu Bisanz aus. Hierhin wird auch das von Philipp 1199[6]) erwähnte Privileg für den Erzbischof von Bisanz fallen, Güter, welche dessen Vorgänger ohne Erlaubniss der Kaiser zu Lehen gaben, an sich zurückzunehmen: ein öfter zu findendes, aber doch höchst bedenkliches Verfahren, das nur zu Streit und Unzuträglichkeit führen musste! — Am 25. Juli treffen wir Heinrich schon in Turin; er war also nicht weiter in's Rhônegebiet gegangen. Daher fanden sich hier bei ihm die Erzbischöfe von Vienne[7]) und Tarentaise ein und

---

1) **Ficker** macht im Bchsfrstd. (§. 178) den Fehler, ihn mit dem Dauphin v. Vienne zu verwechseln.

2) **Pérard** hist. de Bourg. p. 318; **Gollut** ed. **Duvernoy** (extr.) p. 502.

3) 2. Juli; Gallia christ. I, pr. 79 und **Stumpf** act. ined. 412.

4) **Toeche** Reg. 424.

5) **Böhmer** act. sup. sel. 207.

6) S. u. S. 20.

7) Acad. Delph. ed. **Chevalier** II, 5, 29 und M. S. XXIV, 815; **Toeche** Reg. 428.

leisteten ihm das hominium. Beide erhielten ihre Privilegien bestätigt; Aimo von Tarentaise, den wir bald im kaiserlichen Interesse
thätig sehen werden, noch speciell die Zusicherung seiner Reichsunmittelbarkeit.[1]) Dies sind die letzten burgundischen Urkunden, die
uns von Heinrich VI. erhalten sind. — — — —

Haben wir so die wenigen Zeugnisse betrachtet, die eine direkte
Einwirkung Heinrichs in Burgund kundthun, so wollen wir nun
einen Blick auf die Zustände dieses Reichs unter seiner Herrschaft
werfen; doch wird es uns in dieser Arbeit nur immer darauf an-
kommen, zu sehen, wie weit sich der Einfluss des deutschen Kaisers
und die Verbindung des Arelats mit dem Reiche zu erkennen giebt.

Als ein wichtiges Kennzeichen hierfür hat man immer die
Angabe des regierenden Herrschers in den Privat-Urkunden gehalten,
denn gerade in diesen Grenzgegenden ist es wichtig, ob die Notare
die Regierung des Papstes, des Kaisers, des französischen Königs
u. s. w. verzeichnen oder mehrere dieser Angaben verbinden. Einige
uns erhaltene Nachrichten aus jenen Gegenden selbst, — deren Richtig-
keit wir allerdings nicht entscheiden können, — zeigen uns, welche
Wichtigkeit man damals diesen Angaben beimaß. Um 1120 soll
Erzbischof Atto von Arles die Datirung nach Jahren des Kaisers
verboten und statt dessen die Zeit des Reimser Concils von 1119
als Aera festgesetzt haben.[2]) — Dann soll König Ildefons von Aragon
auf einem catalonischen Concil haben beschließen lassen, dass seine
Notare nicht mehr nach der Regierung der französischen Könige,
wie das bis dahin Sitte war, sondern nur nach anni incarnationis
datiren sollten, um jedes Zeichen einer Abhängigkeit zu vermeiden.[3])

Hier sehen wir ausdrücklich diese Formel als Zeichen der Abhängigkeit betrachtet. Nun wird es aber nöthig sein, zu prüfen,
inwiefern die Beobachtung derselben sichere Schlüsse auf die mehr
oder minder feste Verbindung des Ausstellers mit dem Reiche zu-
lässt. Am festesten mit dem Reiche verbunden war doch die Pfalzgrafschaft Burgund, wo des Kaisers Bruder herrschte und wo wir
vorher sogar kaiserliche legati und justitiarii im Amte sehen.[4])
Dennoch finden wir hier stets nur die anni incarnationis, kein Reg-

---

1) Toeche Reg. 427. Huill.-Bréh. l. c. II, 501.

2) Bouche Hist. de Provence I, 818.

3) Ibidem II, 176.

4) S. Hüffer Burg. 64.

num.[1] — In den Urkunden des transjuranischen Burgunds,[2] d. h.
in der Schweiz, fehlt von 1210 an jede Regierungs-Angabe, obwohl
doch dies Gebiet in viel engerem Zusammenhang mit dem Reiche
stand, als das Arelat, wo wir die Angabe fast immer finden. Und
inmitten dieser schweizerischen Distrikte macht wieder das Bisthum
Sitten eine merkwürdige Ausnahme: hier ist in der ganzen Zeit bis
1245 mit seltener Regelmäßigkeit die Regierung der Kaiser erwähnt,
dagegen fehlt stets der Papst, an dessen Stelle der Bischof tritt.
Es ist nicht zu bezweifeln, dass es in allen Fällen hier die Tradition der Notare ist, von welcher die Anführung der Regierungen
abhängt; der einmal eingeführte Gebrauch wurde bei der häufigen
Benutzung der Vorlagen zur Gewohnheit.

Finden wir so Fälle, wo die Weglassung der Formel entschieden
den thatsächlichen Verhältnissen widerspricht, so werden wir, wenn
wir die Regierungsangaben im Ganzen betrachten, doch berechtigt
sein, aus ihnen historische Schlüsse zu ziehen. Mit völligem Recht
schließt Hüffer aus der Datirung „regnante in Francia Ludovico,
in Alemannia vero imperante Henrico" auf die Unbestimmtheit der
Abhängigkeits-Verhältnisse, die sich schon am Anfang des zwölften
Jahrhunderts im Lyonnais zeigt.[3] — Hört nach 1250 die Regnum-
Angabe der deutschen Kaiser in Gegenden auf, wo wir bis dahin
dieselbe stets fanden, so stimmt diese Erscheinung doch vollkommen
mit den wirklichen Verhältnissen überein. Besonders aber, wo bei
Urkunden e i n e s Ausstellers oder e i n e s Ortes im Laufe der Zeit
Schwankungen vorkommen, werden wir denselben unsere Aufmerksamkeit schenken müssen, da wir so ein wichtiges, wenn auch nicht
untrügliches Kennzeichen für den Zusammenhang des Ausstellers mit
dem Reiche erhalten. — - —

In der Regierungszeit Heinrichs VI. ist im Großen und Ganzen
die Formel: regnante Henrico imperatore vorherrschend in den burgundischen Gebieten. Schon 1188 wird in einer Grenobler Urkunde[4]
neben Pabst und Kaiser der römische König Heinrich genannt. In
der Erzdiöcese Vienne und seinen Suffraganen (außer dem rechtsrhônischen Viviers) wird fast immer der Kaiser erwähnt: so 1190

---

1) S. die Urk. bei Perréciol de l'état civil des pers. dans les Gaules.
II, Preuves.

2) S. Régestes des docum. relat. à l'hist. de la Suisse Rom.

3) 1121, Hüffer, Lyon 36.

4) Gall. christ. XVI, pr. 300.

und 1194 in Urkunden von Valence,[1] so 1193 Heinrich sogar vor
dem Pabst in einem vom Erzbischof von Vienne vermittelten Abkommen zweier Herren der Dauphiné.[2]) — In Urkunden des Grafen
von Toulouse, wo früher (1167, 1171)[3]) der französische König in
der Datirung genannt war, 1177 derselbe mit Friedrich I. zusammen,[4]
findet sich seit 1189[5]) der deutsche Kaiser allein und so auch 1194:[6])
regnante Henrico Romanorum imperatore. Dieselbe Datirung treffen
wir 1191 in der Provence.[7]) — Bei den Dauphins von Vienne scheint
die Angabe der deutschen Kaiser nicht im Gebrauche gewesen zu
sein,[8]) ebenso, wie schon gesagt, nicht bei Otto von Burgund. —
Zu den rechtsrhonischen Gebieten des Arelats, zu Lyon und Viviers
tritt Heinrich VI. in keine nähere Beziehung; wir hören auch nicht,
dass er den immer kühneren Ansprüchen Philipp Augusts von Frankreich auf Lyon[9]) entgegentrat; daher sind die Privat-Urkunden hier
auch ohne Angabe seiner Regierung. — — —

Sehen wir uns nun kurz das Resultat der Regierung Heinrichs
für Burgund an, so müssen wir sagen, dass dasselbe kein glänzendes
gewesen ist. Die Fäden, die Friedrich I. zwischen seinem Hofe und
den burgundischen Großen angeknüpft hatte, waren größtentheils
wieder gelockert. Höchstens einige Geistliche finden wir mit ihm
in Verbindung stehend, — wie er denn ja auch die bischöflichen
Rechte und Interessen zu fördern suchte: — die weltlichen Großen —
besonders des Südens — stehen ihm fern oder feindlich gegenüber.
Deutlich tritt sein Bestreben hervor, sie niederzuhalten, ihnen ihre
über die Bischöfe erworbenen Hoheitsrechte zu nehmen und seine
Lehnsrechte über sie auszudehnen. Zu letzterem Zweck befolgte er
gerade hier in Burgund die Praxis, als Bedingung für die Belehnung
mit den Reichslehen die Lehnsauflassung des Allods zu stellen und
dies dann ebenfalls als Reichslehn zu übertragen. So machte er es

---

1) ibid.
2) Acad. Delph. ed. Chevalier II, 3, 41. Vgl. auch p. 56.
3) Vaissète Hist. de Languedoc III, pr. 5.
4) ibid pr. 26.
5) ibid pr. 45: Vertrag zwischen Gr. v. Toulouse u. v. Valentinois über
das dominium von Die.
6) ibid pr. 64, Vertrag des Grafen mit dem Gr. v. Forcalquier.
7) Bouche l. c. I, 824.
8) Chevalier Inventaire des archives des Dauph. I, 29.
9) Vgl. Hüffer Lyon 70 ff.

bei der Belehnung Hugos von Burgund mit Albon und Humberts von Thoire mit den Lehen des verstorbenen Stephan von Villars: beide mussten zugleich ihre Allode vom Reiche als Lehen empfangen.[1]) Wie die meisten Akte Heinrichs hatten auch diese mehr die Erweiterung der nominellen Macht des Kaiserthums im Auge, als reellen Nutzen für die Stärkung des Reichs; denn da der Kaiser seine Ansprüche in diesen fernen Gegenden nicht immer mit den Waffen stützen konnte, war der Werth dieser Maßregel sehr gering; sie konnte dagegen nur dazu dienen, die Großen gegen den eigenmächtigen Kaiser aufzubringen und dem Reiche zu entfremden. —

Heinrichs Bruder Otto, dessen verderbliche Wirksamkeit wir später noch kennen lernen werden, erwies sich auch jetzt schon als ganz ungeeignet, die staufische Macht in der Pfalzgrafschaft Burgund zur Geltung zu bringen; durch sein gewaltthätiges Wesen bald in eine Reihe von Fehden verwickelt, vermochte er nicht im geringsten, die Politik seines Bruders in dem Erblande seiner Mutter zu unterstützen. — Zu der Grafschaft Vienne tritt Heinrich in kein näheres Verhältniss, zu den Grafen von Valentinois nur einmal.[2]) Von den linksrhonischen Gebieten waren die Grafen von Forez schon längst französische Vasallen geworden;[3]) auch die Erzbischöfe von Lyon hatten bald nach 1180 dem Könige von Frankreich gehuldigt, ohne dadurch von dem Drucke desselben befreit zu werden.[4])

Am schwächsten aber war wohl die Herrschaft des Kaisers in der Provence und wir sahen schon, wie Heinrich daher durch verschiedene Maßregeln dieselbe wieder zur Geltung bringen und den hier so mächtigen König von Aragon zur Anerkennung seiner Lehnshoheit zwingen will. Ildefons II. hatte 1166 die Regierung der Grafschaft[5]) angetreten und hat diese dann dreißig Jahre inne gehabt, von seinen Brüdern Pedro und Sancho unterstützt. Gelehnt an seine spanische Hauptmacht hat er sich hier eine Herrschaft gegründet, welche, ganz souverän, sich nicht um die Lehnsabhängigkeit vom Reiche kümmerte, trotzdem Ildefons früher gerade die Belehnung

---

1) S. Toeche l. c. 401, 3.

2) S. o. S. 10.

3) Hüffer Lyon 61.

4) Ibid. 70 ff.

5) Auch „Markgrafschaft" genannt. Die Gr. v. Prov., wie die v. Toulouse, führen ohne Unterschied den Titel comes und marchio Provinciae.

seines Vaters mit der Provence durch Friedrich I. als Rechtstitel
dem Grafen von Toulouse gegenüber geltend gemacht hatte. Die
Rivalität und die ewigen Kämpfe zwischen dem letztern und Ildefons
waren es dann auch, die — mehr als die Maßregeln Heinrichs VI. —
eine weitere Machtausbreitung des Königs verhinderten: auch in der
ganzen folgenden Zeit werden wir diesen Antagonismus zwischen
den Grafen von Toulouse, die ja seit 1125 den Theil der Provence
nördlich von der Durance inne haben, [1]) und von Provence immer
wieder finden, in dem dann die übrigen bedeutenderen Herren, die
Grafen von Forcalquier, Valentinois, die Herren von Baux, Sabran,
Agout, Medouillon etc. in verschiedener Weise Partei ergreifen; [2])
wir werden bemerken, wie diese Feindschaft dem Kaiser eine bequeme Handhabe giebt, seine Macht in der Provence zu heben; fast
immer wird er im Bunde mit dem Grafen von Toulouse erscheinen,
der — bei seinen ausgedehnten Besitzungen in Languedoc — zugleich eine kräftige Stütze gegen Frankreich sein musste. Auch jetzt
scheint Raimund V. von Toulouse auf Seiten Heinrichs VI. gewesen
zu sein, wie es ja auch seine Stellung Ildefons gegenüber mit sich
brachte; die Datirung seiner Urkunden bestätigt dies ebenfalls. Dass
der kaiserliche Name auch selbst bei Ildefons von Aragon noch nicht
alle Geltung verloren hatte, geht aus dem Vertrag hervor, den er
1193 mit dem Grafen von Forcalquier schließt; hier verspricht er
diesem Beistand gegen Jedermann, ausgenommen allein den Kaiser. [3])
Doch dies ist nicht viel mehr als Förmlichkeit; denn sonst zeigt
sich Alfons in seinen Urkunden ganz souverän; wenn er den Kaiser
in der Datirung anführt, nennt er sich selbst doch Herrn des Landes.
So spricht er in der Urkunde für Kloster Dourbon 1193 [4]) von der
„tota nostra terra Provinciae." — Bezeichnend ist es, dass dieses
Kloster, das vor fünf Jahren von Heinrich VI. eine Bestätigung
seiner Privilegien erhalten hatte, jetzt sich in den Schutz des Königs
von Aragon begeben muss; man sieht daraus, wie weit derselbe die
Grenzen seiner Grafschaft ausgedehnt hatte: liegt doch Dourbon fast

---

1) S. Hüffer Burg. 19.

2) Wie zerrüttet und wüst die Zustände in der Prov. damals waren,
ersieht man aus dem Briefe Pabst Coelestins, 1191. Papon Hist. de
Prov. II, pr. 26.

3) Papon l. c. II, pr. n. 29; Juli, Aix.

4) Charounet l. c. III, 5, 442 August 1193, Aix.

2

schon im Bezirk von Grénoble. — Und was den Kaisern noch nicht
gelungen war, im Are'at zu schaffen, ein geordnetes Beamtenwesen,
hatte Alfons in der Provence eingerichtet: wir finden seine Procu-
ratoren [1]) und Baillifs, [2]) welche Jurisdiction und Polizei ausüben,
häufig erwähnt.

Es ist natürlich, dass diese Machtstellung aufhörte, als nach
Ildefons Tode die Provence an seinen zweiten Sohn fiel und sich
so von dem spanischen Hauptreich löste. Die Herren von Baux und
von Forcalquier entzogen sich bald der aufgezwungenen Lehnshoheit; [3])
der Krieg gegen Toulouse dauerte fort. Zum deutschen Kaiser aber
trat 1209 ein näheres Verhältniss ein, als Constanze von Aragon
den jungen König Friedrich II. heirathete.

II.
Das Arelat unter Philipp und Otto IV.

Mit den nach Heinrichs VI. Tod in Deutschland beginnenden
Wirren hört für lange Zeit jeder Zusammenhang des Arelats mit
dem Reiche auf. Wie sollten die beiden Rivalen, die sich nun im
Reiche so heftig bekämpften, Zeit gewinnen für die Angelegenheiten
der Rhôneländer; wie sollten sie, die sich kaum in Deutschland
überall Geltung verschaffen konnten, hier Autorität finden, wo man
kaum von ihrer Regierung wusste? [4]) Denn s e l b s t nach Burgund
gekommen ist Otto gar nicht, Philipp einmal bis Bisanz. Letzterer
greift auch öfters in die Verhältnisse der Pfalzgrafschaft ein, mit
den südlichen Gebieten hat er aber fast gar keine Verbindung. Otto
versucht einmal, sich in die Kämpfe der Provence einzumischen,
ohne jeden Erfolg. So blieben diese Gebiete fünfzehn Jahre hindurch sich selbst überlassen, und die Fälle, wo die Großen derselben
aus eigenem Antriebe an den kaiserlichen Hof zogen, gehörten natürlich zu seltenen Ausnahmen. Während sich die nordburgundischen

---

1) **Cartul.** de S. Victor II, n. 902, n. 1110.

2) **Bouche** l. c. II, 171; **Charonnet** l. c.; **Papon** l. c. II, pr. 30, 31.
Cartulaire de S. Victor II, n. 903: comiti vel bajulis, qui per me erunt
in Provincia.

3) L'art de vérifier les dates X, 405.

4) Dies geht aus den weiter unten zu erwähnenden Datirungen hervor.
S. S. 29 ff.

meist in feindlichen Gegensatz zum Kaiser stellen, halten sich die
des Arelats ganz von ihm fern. Nur die Erzbischöfe von Bisanz
und Tarentaise und der Bischof von Valence stehen zum Kaiser in
Beziehung.

Aimo von Tarentaise war es, der am 8. September 1198 Philipp von Schwaben zum deutschen König salbte.[1]) Er wagte es,
im Gegensatz zu dem schwankenden Erzbischof von Trier, den Zorn
der römischen Curie herauszufordern, dessen Folgen ja auch nicht
ausblieben. Dass er zu der Wahl berechtigt war, ist nicht zu bezweifeln. Er hatte die Zustimmung der Fürsten und des Capitels
von Mainz, dessen Erzbischof — jetzt im heiligen Lande — sonst
ja das Amt der Krönung besaß. Den Rang eines Reichsfürsten
konnte dem Erzbischof damals niemand bestreiten.[2]) Es ist wahr,
dass Tarentaise vor 1186 im Abhängigkeitsverhältniss zu Savoien
gestanden hat[3]) und dass die Grafen auch im 13ten Jahrhundert
wohl bald wieder den Erzbischof zur Anerkennung ihrer Rechte auf
die Regalien gezwungen haben werden: aber gerade in dieser Zeit,
um's Ende des 12ten Jahrhunderts, kann von derselben rechtlich gar
nicht, und wohl auch nicht faktisch die Rede sein. 1186 und 1196
hat der Erzbischof die Bestätigung seiner Reichsunmittelbarkeit erhalten; beidemal heißt es deutlich, dass er die Regalien nur vom
Reiche habe;[4]) am wenigsten mochte Heinrich VI. einen Erzbischof
in Abhängigkeit von einem Grafen lassen, an dem er (1187) selbst
die Reichsacht vollstreckt hatte.[5]) — — —

Gerade ein Jahr nach der Krönung finden wir Aimo wieder
bei Philipp in Mainz, als Zeuge in einer Urkunde für Eichstedt.[6])

---

1) Winkelmann Phil. 136.

2) Winkelmann l. c. 137 hält ihn für bestritten, doch weder Ficker
(Rfstd. 296), noch die Worte des Palastes (regest. de negot. imp. 21) beweisen dies.

3) S. Ficker l. c. 296, Hüffer Burg. 84 f.; dass er nicht als Fürst,
sondern nur als fidelis bezeichnet wird, beweist nichts gegen seinen Reichsfürstenstand (Ficker 301).

4) ... quod nos ... Aimonem ...., quem de regalibus Tarentas. archiepiscopatus per imperiale sceptrum investimus ... sub protectione nostrae
defensionis suscepimus et haec omnia ... cum omnibus feudis ... imp. auctoritate confirmamus. Gall. christ. XII, pr. 387.

5) S. Toeche l. c. 94.

6) 1199, 14. Sept. Ficker Regesten 31, Winkelmann 262, 1. Sollte
die Urk. vielleicht zu 1198 zu setzen sein? Dieser Aufenthalt des so ent-

2*

Doch scheint er merkwürdiger Weise kein Privileg erhalten zu haben: 1226 wird nur die Urkunde Heinrichs von 1196 vorgelegt. 1201 zieht Aimo dann nach dem heiligen Lande.[1] Erst Oktober 1202 erging an ihn die Aufforderung des Pabstes, sich bei Strafe der Suspension innerhalb sechs Monate persönlich in Rom einzufinden und sich wegen der ohne päbstliche Erlaubniss vorgenommenen Krönung zu verantworten.[2] Leider fehlt jede Nachricht über den Ausgang dieses Prozesses; wir hören nur, dass Aimo 1210 im Besitze seines Erzbisthums gestorben ist.[3]

Mit ihm zugleich wurde 1202 ein zweiter burgundischer Erzbischof, Amadeus von Bisanz, vor das päbstliche Tribunal geladen; auch er hatte sich zu entschieden auf Philipps Seite gestellt, nur dass s e i n e Stimme — seiner Stellung gemäß — noch viel mehr bedeutete, als die Aimos.

Amadeus hat an Philipps Hofe eine sehr große Rolle gespielt. Schon 1199 finden wir ihn an demselben; damals bestätigte ihm der König die Erlaubniss seines Bruders, ohne Zustimmung der Kaiser vergabte Lehen an die Kirche zurückzunehmen.[4] Amadeus ist dann — außer dem zustimmenden Pfalzgrafen Otto — der einzige burgundische Große, der die Erklärung von Speier an Innocenz III. unterschreibt.[5] — Dann finden wir ihn als Zeugen in drei Urkunden Philipps 1201 zu Hagenau, Anfang Dezember,[6] deren letzte eine Vergabung für die Abtei Luxeuil in der Diöcese Bisanz ist.

Er war es dann jedenfalls auch, der Philipp bewog, nach Burgund zu kommen und den wilden Fehden daselbst ein Ende zu machen. Die Verhältnisse dieser Gebiete, die sich um den Lauf der

---

fernt wohnenden Prälaten zur selben Zeit in zwei aufeinander folgenden Jahren ist doch auffallend. Die Zeugen würden passen; die der nächsten Urk. (1199, 29. Sept.) sind durchweg verschieden. Die Datirung in dieser Zeit ist ja ganz unsicher.

1) Gall. christ. XII, T. 707.

2) P o t t h a s t Reg. 1740, W i n k e l m a n n l. c. 261. cf. R a y n a l d ann. eccl. 1202, 28 „Tarent. arch., qui Philippum ducem Sueviae in regem temere coronaverit."

3) Gall. christ. ibid.

4) 1199, 8. März (Trier), wird dies der Kirche von Bisanz angezeigt. W i n k e l m a n n Urk.-Sammlung n. 3.; F i c k e r Reg. 24.

5) F i c k e r Reg. 25.

6) Ibid. 61, 62, 63.

Saône gruppiren, sind zu dunkel und zu weit von unserer Aufgabe
abliegend, als dass wir sie hier des Weiteren schildern könnten;
nur die damalige Lage im Großen wollen wir zusammenfassen.

Am 13. Januar 1200 [1]) war Pfalzgraf Otto gestorben. Das
Reich und die staufische Sache konnten ihm wenig Dank wissen.
Von Anfang seiner Herrschaft an mit Graf Stephan von Auxonne
in Fehde liegend, hatte er die Zahl seiner Gegner durch seine Wild-
heit, ja durch offenen Mord [2]) noch vermehrt. Von allen Seiten
wurde er angegriffen und während er sich gegen Bertold von Zähringen, den Bischof von Straßburg und die elsässischen Großen
wehrte, wurden seine Gegner in Burgund immer mächtiger und
immer selbstständiger. Der Herzog des französischen Burgund wusste
den Kampf trefflich zu schüren; gegen Auftragung der Grafschaft
Auxonne als Lehen hatte er dem Grafen Stephan seine Hülfe gewährt; ihm selbst gab seine Lehnshoheit über den Pfalzgrafen in
einigen Bezirken [3]) eine bequeme Gelegenheit, sich einzumischen.
Nach Otto's Tode erhob sich natürlich um so stärker die ganze
Opposition gegen seine Wittwe Margaretha und deren Töchter;
Stephan nannte sich wieder Graf von Burgund; gestützt auf seine
Verwandten von Mâcon, Salins, Mömpelgard, griff er die Pfalzgraf-
schaft an, die ihres Vertheidigers beraubt war. [4])

Erzbischof Amadeus von Bisanz, wohl der Einzige, dem die
Reichsidee in diesen Gegenden noch am Herzen lag, veranlasste,
wie gesagt, König Philipp, der schon in Hagenau (Dez. 1201)
sich mit burgundischen Angelegenheiten beschäftigt hatte, Pfingsten
1202 (Juni) nach Bisanz zu kommen. Mit allen Ehren nahm er
seinen König auf, [5]) dessen erster Akt war, Margaretha mit der
Pfalzgrafschaft zu belehnen. [6]) Hierhin gehört auch wohl die Bestätigung einer Schenkung Otto's und Margaretha's an die Kirche

---

1) Vgl. Winkelmann Otto 528.

2) So der an Ulrich v. Pfirt „de qua re non solum inimicis, verum
etiam quibusdam ex amicis odibilis erat. Ann. Marbac. MS. XVII, 168.

3) S. o. S. 12 u. Oefele l. c. reg. 491.

4) Ann. Marbac. MS. XVII, 170.

5) S. u. d. Brief des Papstes.

6) Urk. Margaretha's: „quod post mortem .. viri mei ... rediens a
Curia .. regis Philippi ... in qua de feodo Comitatus Burgundiae me in-
vestivit. 1202. Chevalier Mém. histor. de Poligny 334.

St. Stephan zu Bisanz,[1]) vielleicht auch die Zollvergebung für den Erzbischof Rainald von Lyon, auf die Vorstadt Bechivelleyn in dem linksrhônischen Theil der Stadt Lyon bezüglich.[2])

Von einem größern Kriegszug gegen Stephan von Auxonne hören wir nichts: Philipp begnügte sich mit einer Verheerung der feindlichen Grenzgebiete;[3]) denn am 25. Juli 1202 treffen wir ihn schon wieder in Hagenau, wo er den Kanonikern von St. Maria zu Bisanz ein Privileg giebt.[4])

An Amadeus von Bisanz erging dann, wie an Aimo von Tarentaise, Oktober 1202 der Befehl des Papstes, sich bei Strafe der Suspension im März 1203 in Rom dem päpstlichen Gericht zu stellen, weil er den Herzog von Schwaben als König anerkannt, ihn nach Burgund geführt und ihn in Bisanz feierlich aufgenommen hätte.[5]) Auch hier wissen wir nichts Genaueres über den Ausgang dieses Prozesses; sehr bald aber ist Amadeus wieder bei König Philipp.

Von Urkunden des Letzteren für Burgund haben wir in der nächsten Zeit die Belehnung der Abtei Cherlieu mit Montigny.[6]) 1205 bestätigt er durch ein Ausschreiben an seine Getreuen in Burgund diese Verleihung.[7]) An demselben Tage (1. März) schenkt er an St. Johann zu Bisanz zum Seelenheil seines Bruders Otto drei Güter seines Erbes[8]) und bestätigt in einem Briefe an die Kirche S. Stephan daselbst die Absicht Margarethas, hier, wo Otto ruhte, zwei Capläne einzusetzen und zu dotiren.[9])

Im Januar 1205 zu Speier finden wir auch wieder einige südburgundische Große bei Philipp. Nach dem Vorgange seines Va-

---

1) Ficker Reg. 68; undatirt.
2) Nach de la Mure Hist. des ducs de Bourbon II, 32.
3) S. u. d. Brief des Pabstes.
4) Böhmer act. imp. sel. 219.
5) „Quod ducem Sueviae ad Burgundium devastandam deduxit et ipsum tanquam regem catholicum processionaliter in ecclesia recipiens Bisuntina, ei fecit a suis tanquam legitimo regi honorem .. exhiberi. Potthast Reg. 1737. Vgl. Rayualdi ann. eccl. 1202 §. 28.
6) Ficker Reg. 73. Vgl. Oefele l. c. 465 reg.
7) Ficker Urk. 105. Winkelmann Urk. 10a.
8) Ibid. 104, Winkelmann Urk. 10. vgl. Otto 530; am besten liest man mit letzterem „kal. martii" statt maji und setzt die Urk. nach Straßburg, 1. März.
9) Ficker 106. Winkelmann Urk. 12.

ters[1]) investirte er hier den Isnard d'Entrevenes, Herrn von Agoult,
mit dem Thal von Sault[2].) Dann empfing Bischof Humbert von
Valence, nachdem er das hominium geleistet hatte, die Belehnung[3])
mit allen Regalien und Besitzungen seiner Kirche, das Recht der
Jurisdiction und der Zollerhebung[4]) in Stadt und Grafschaft Valence.
Den Bürgern der Stadt wurde verboten, ohne Erlaubniss des Bischofs irgend eine societas zu beschwören,[5]) den Baronen, Lehen
des Reichs oder der Kirche zu veräußern. — Hier in Speier finden
wir noch andere burgundische Herren, wie Amadeus von Bisanz,
Bernhard, Bischof von Belley, Wilhelm von Mâcon u. A. anwesend.

1208 ließ sich Humbert von Valence zu Metz seinen Zoll
auf's Neue bestätigen;[6]) derselbe muss wohl heftigen Widerspruch
der Bürger von Valence, die ja nie mit ihrem Bischof gut standen,
hervorgerufen haben, wie aus der bald darauf, am 1. Juni zu Aachen,
folgenden dritten Bestätigung[7]) des Zolls hervorgeht: trotz speciellen Schreibens Philipps hätten die Bürger doch nicht aufgehört,
dem Bischof bei der Erhebung des Zolls Widerstand zu leisten;
jetzt wird ihnen auf's Neue befohlen, sich jedes Einspruchs zu enthalten. Sodann wird dem Bischof die examinatio argenti bewilligt,
d. h. das Geld musste einer Prüfung durch bischöfliche Beamte
unterworfen werden. — — — — —

Das sind die wenigen Diplome Philipps für südburgundische
Große; eine nähere Verbindung zwischen ihm und dem Arelat ist
sonst nicht wahrzunehmen. Glücklicher war er schließlich doch in
den nordburgundischen Geschäften. Anfang Juni 1207 finden wir
bei ihm in Basel[8]) eine Reihe burgundischer Großer und zwar auch
diejenigen, welche im letzten Jahrzehnt den Staufern immer feind-

---

1) Stumpf act. ined. 395.

2) 25. Jan. Huill.-Br. V, 1234 (extr.).

3) 27. Jan. Winkelmann Urk. 7.

4) Dies ist, wie Winkelmann richtig sagt, der Zoll, auf den sich Philipp 1208 bezieht; also ist nicht mit Ficker (Reg. 97) eine besondere Urkunde hierfür anzunehmen.

5) Das ist ein wichtiger Zusatz, der in der Vorurkunde von 1157 noch
nicht vorkommt.

6) Gallia christ. XVI, 110. Nach Ficker Reg. 174 zu 8. Januar 1208
zu setzen.

7) Gall. christ. XVI pr. 111 Ficker 183.

8) Vgl. Winkelmann Phil. 418.

lich gegenüber gestanden hatten: vor Allem war Graf Stephan von
Auxonne erschienen', mit ihm seinem Verwandten Wilhelm von Mâcon, Gaucher von Salins, Richard von Mömpelgard, dann Friedrich
von Pfirt und viele Andere: die wachsenden Erfolge Philipps, vielleicht auch die Furcht vor dem immer gefährlichern Einfluss Philipp Augusts von Frankreich hatte sie bewogen, ihren Streit —
wenn auch nur für kurze Zeit — ruhen zu lassen. Auch Amadeus
von Bisanz war bei dieser erfreulichen Vereinigung anwesend.

Graf Thomas von Savoi, den wir seit 1189 wenig mit den
Kaisern in Berührung finden, empfing hier die Bestätigung seiner
Reichslehen. Er hatte wohl bis jetzt auf Otto's IV. Seite gestanden,[1]) dem er dann auch nach Philipps Tode bis 1218 treu blieb;
jetzt näherte er sich Philipp, der seinerseits den rasch wieder zu
Macht gekommenen Grafen durch größere Verleihungen an sich zu
fesseln suchte: er gab ihm Chieri und Testona bei Turin, dann die
Burg zu Milden in der Waadt zu Lehen und versprach, ihn im Besitz von Mondovi zu erhalten.[2])

Auch in Straßburg, wohin der König von Basel zog, finden
wir burgundische Große bei ihm: so ist Wilhelm von Mâcon wieder
anwesend.[3]) — Vielleicht war die nahe Berührung Philipps mit
burgundischen Verhältnissen und sein Bewusstsein, dass es nun, wo
seine Macht in Deutschland fest stand, auch seine Pflicht sei, für
die ferneren Gebiete des Reichs zu sorgen, der Anlass zu zwei Maßregeln, die ihn jetzt — die eine allerdings nur flüchtig — in dieser Hinsicht beschäftigten.

Einmal dachte er daran, die Erbin der Pfalzgrafschaft, die
Tochter Otto's, Beatrix, zu vermählen und so in Nord-Burgund wieder eine kräftige Stütze der staufischen Politik einzusetzen. Es
sollte die Ausführung dieses Gedankens seine letzte That sein: an
seinem Todestag (21. Juni 1208) vermählte er Beatrix mit Otto,
Herzog v. Meran, dem Aeltesten aus dem Hause Andechs, einem
tüchtigen Manne, der aber doch seiner gefahrvollen Stellung, schon
weil er nicht ungetheilt dieselbe inne hatte, nicht gewachsen war.

Dann haben wir aber eine Nachricht aus dieser Zeit, die uns
lehrt, dass der Gedanke, dem Arelat einen eigenen König zu geben,

---

1) Wurstenberger. Peter v. Savoyen I. 67.
2) Ficker Reg. 148, 149.
3) Zeuge in Urk. für Azzo v. Este. Böhmer Reg. 95.

auch damals wieder in Erwägung gezogen wurde; und zwar war
Otto IV. selbst dazu ausersehen.   Wir lesen nämlich in der „Con-
tinuatio des Pantheon" Gottfrieds von Viterbo:[1] „Cunque uterque
de imperio contenderet et inter se bella plurima committerent, tan-
dem . . . ad talem concordiam devenerunt, ut Otto cederet electioni
de se facte et reciperet regnum Arelatense et quedam
alia castra et regis nomen atque Philippi filiam duceret in uxorem."
Jedenfalls werden wir diese Nachricht auf die im August 1207 ge-
machten Versuche beziehen, Otto IV. zur Thron-Entsagung zu bewegen; wir hören hier von den verschiedensten Entschädigungen,
die ihm Philipp durch die päbstlichen Legaten anbieten ließ. So
wird nach Otto von St. Blasien auch der ducatus Allemanniae ange-
boten, was dann noch keinen Widerspruch mit unserer Stelle zu
involviren braucht; sondern beide Nachrichten bezeichnen wohl nur
zwei verschiedene Phasen dieser Verhandlungen: zuerst bot man
Otto das entfernte Königreich Arelat an, wo er überdies mit den
früher von ihm verwalteten englischen Besitzungen wieder in Connex kam; als dies nicht acceptirt wurde, ließ sich Philipp herbei,
ihm sein Stammland übergeben zu wollen. Die Nachricht unserer
Quelle, die sich allerdings nur bei ihr allein findet, zu verwerfen,
wird man doch nicht berechtigt sein, wenn sie auch fälschlich sagt,
dass eine Einigung zwischen den beiden Gegnern zu Stande kam;
theilt sie doch diese Unrichtigkeit selbst mit Burchard von Urs-
perg.[2] — — — —

Gehen wir nun zu der kurzen Regierung Otto's IV. über, in
der wir recht wenig Zeugnisse eines Zusammenhangs Burgunds mit
Kaiser und Reich finden, so wird hier der Ort sein, zuerst von einem
Werke zu sprechen, dessen Verfasser, vertrauter Freund Otto's, als
im Arelat Ansässiger uns die interessantesten Notizen über dasselbe
giebt: wir meinen den „Kaisertrost" des Gervasius von Til-
bury.[3] Gervasius, geborener Engländer, zuerst in Italien thätig,
war dann um 1190 nach dem Arelat (wohl nach Arles) gegangen,
hatte hier in eine sehr begüterte Familie geheirathet und dann in
seinem Wohnort eine einflussreiche Stelle eingenommen. Mit dem

---

1) M. S. XXII, 369.
2) Vgl. Winkelmann Phil. 424, 3.
3) „Otia imperialia" bei Leibniz (Script. rer. Brunsvic. I, 850 c);
vgl. Winkelmann Otto IV. 289 ff., 502 f.

Erzbischof Humbert von Arles war er verwandt[1]) und bewohnte
ein palatium, in dem er einst sogar den König von Aragon beher-
bergte. Otto IV., dem er dann später sein Werk widmete, hatte ihm
diesen Besitz, ein Erbe seiner Gemahlin, bestätigt,[2]) und ihm das
Marschall-Amt des Arelats verliehen,[3]) (ein Amt, das wohl nichts
mehr als ein bloßer Titel gewesen ist, der zu Lehen gegeben wurde;
sonst hören wir nämlich nichts davon).

In dem Werke des Gervasius, abgefasst um 1211, finden wir
eine Stelle, die bei dem sonst ganz ungemein spärlichen Quellen-
material über die Rhône-Gegenden in dieser Zeit, für uns von großer Wichtigkeit ist, nicht nur wegen der lebendigen Schilderung
der Provençalen, sondern mehr noch wegen der Auffassung des Ver-
fassers von der Pflicht seines Gönners Otto IV. für das Reich Arelat und von der Stellung dieses Reiches selbst.

Wir haben nämlich, bei Gelegenheit seiner seltsamen naturge-
schichtlichen Betrachtungen, bei Gervasiu seinen Excurs,[4]) der im Anschluss an den Satz, dass durch das Wasser Winde erzeugt werden und
diese auf den Charakter des Menschen großen Einfluss haben, allerdings etwas gewaltsam herbeigeführt ist. „Durch die Fluthen des
Rhône würden starke Winde geschaffen und daher seien auch die
Menschen hier windig, leer, unzuverlässig und lügnerisch. Die
Provençalen seien scharfsinnig und, wenn sie wollten, auch thätig;
sie könnten reich sein nach Gefallen, denn ihr Land sei von der
Natur gesegnet, so aber sind sie arm und dazu noch verschwen-
derisch. Sie führten gerne Krieg, ohne doch anders als zur See dazu brauchbar zu sein. Ihr Versprechen hielten sie nicht, im Schaden
seien sie erfinderisch. So ist Gutes und Böses in ihnen gemischt;
nur durch das Fehlen eines gerechten und gefürchteten Herrschers
seien sie schlecht geworden. Wenn sie nur beständig einen Herrscher hätten, den sie fürchteten, so gäbe es kein Volk, das schnel-
ler zum Guten zu bringen sei; so aber, ohne denselben, seien sie
ebenso leicht zum Bösen geneigt. — Dieser Herrscher aber hätte

---

1) „Affinis noster" III, 86.

2) s. III, 92: in palatio nostro, quod ex munere vestro vestraque gratia ad nos rediit per sententiam curiae imperialis …

3) „Quod ex officio mareschalciae sub debito armorum ministerio exse-
qui teneor." Der Titel heißt: „magister Gervasius in regno Arel. imperialis aulae mareschalcus."

4) S. bei Leibniz l. c. p. 922.

überdies durch Befestigung seiner Macht in diesem Lande unschätz-
bare Vortheile; denn es gäbe kein Land, das so wie das Arelat
im Mittelpunkt aller Länder liege, das so wie dieses allen Völ-
kern leicht zugänglich, unentbehrlich und zugleich gefährlich wäre.
Der Zugang von Frankreich sei ebenso bequem, wie der zur See für
Spanien, Afrika und das heilige Land, wie der Alpenweg für Lombarden, Genueser, Pisaner und Sicilier. Allen sei vom Arelat aus
gleich leicht zu schaden, wie zu helfen. Sache des Kaisers sei es
nun, dieses so wichtige Land, das zu den ältesten Gebieten des
Reichs gehöre, wieder fest mit demselben zu vereinigen; ihm fehle
nichts, als ein guter und kräftiger Fürst. Otto sei immer beschäftigt, fremde Glieder zum Reiche hinzuzubringen; aber es sei bequemer und nützlicher, das Reich selbst erst zu festigen; besser, es
verliere etwas von der räumlichen Ausdehnung, als dass es ohne
feste und gerechte Ordnung innerlich corrumpirt werde und so zu
Grunde gehe.[1]"

So ungefähr der Gedankengang der Stelle, dem wir wohl mit
Recht beistimmen können. Gervasius hat die Wichtigkeit des Arelats für den, der es fest in seiner Hand hält, die unschätzbaren
Vorzüge seiner Lage und seiner Verbindungen, den Reichthum seines Bodens richtig erkannt; die Charakteristik der Bewohner, wenn
auch recht hart, wird ebenfalls nicht ohne Berechtigung sein; stösst
uns doch auch sonst überall Vertragsbruch und Fehdesucht auf;
Vieles in den provençalischen Verhältnissen wird uns durch Gervasius' Schilderung erst recht klar und verständlich. — Sehr merkwürdig ist es auch, wie er das Arelat als alten Theil des deutschen
Reichs in Gegensatz stellt zu den extranea membra, d. h. Italien
und Sicilien: diese möge der Kaiser lieber aufgeben, aber dafür im

---

1) .. Unde est, quod tibi, Princeps sacratissime et domine, dico, quod
satius esset, imperium minui in dimensione terrarum, quam sic sine corre-
ptione a sua iniquitate corrumpi ob perpetuae defectum justitiae ...

.. Si dominum continuum haberet, quem timeret, nulla gens citius
frangeretur ad bonum, nec ulla, quia non est, a quo regatur, paratior est ad
malum ....

... Cum in omnibus abundet in solo rectore bono ac principe egena
est. Tibi hoc est, Domine, quod imputetur, quia caput tenes imperii; et
cum membra extranea moderaris, quod non minus esset commodum, regnum
moderari contemnis.

Reiche selbst, d. h. in Deutschland und Burgund, Ordnung und Gerechtigkeit wiederherstellen. — — — —

Otto regierte zu kurze Zeit, hatte zu viel mit den italienischen Angelegenheiten zu thun und war überhaupt zu wenig praktisch und weitsehend, als dass er die nützlichen Mahnungen seines Verehrers hätte beachten können. So ließ er die Dinge gehen, wie sie wollten, überließ in Nord-Burgund Otto von Meran ganz seinen übermächtigen Feinden und gewann auch zu den Verhältnissen des Arelats, trotz seines langen Aufenthalts in Italien, wo ein Connex sehr leicht geworden wäre, keine Beziehung; mit einer einzigen Ausnahme, die aber nur zu sehr seine Schwäche offenbarte.

Zu Imola gab nämlich der Kaiser Ende März 1210[1]) dem Abte Wilhelm vom Kloster des heil. Peter zu Montmajour, nahe bei Arles, ein Diplom, worin er das Kloster in seinen Schutz nimmt und ihm alle Schenkungen früherer Herrscher bestätigt, besonders das castrum Pertusii. Zugleich schreibt Otto[2]) an Bischof und Consuln von Avignon, sie möchten den Grafen Wilhelm von Sabran, der ohne Erlaubniss des Kaisers die Grafschaft Forcalquier und das Kloster Montmajour, obwohl es reichsunmittelbar sei,[3]) angegriffen habe, bestrafen und ihn zwingen, die Burg Pertuis, die er, während der Abt am Hofe war, beraubt hätte, wieder herzustellen. — Nicht lange nachher[4]) ersehen wir aus zwei neuen Briefen Otto's, dass sein Verbot nichts gefruchtet hatte. Nochmals gebietet er den Avionesen,[5]) deren einige sogar dem Grafen von Sabran Hilfe versprochen hätten, letztern zur Rückgabe des dem Kloster Genommenen zu nöthigen. In demselben Sinne schreibt er den drei Brüdern von Baux[6]) und befiehlt ihnen, als reichsunmittelbaren Herren,[7]) Wilhelm von Sabran binnen zwanzig Tagen zu zwingen, Pertuis an das Kloster Montmajour zurückzugeben, wenn er auch behaupte, dasselbe

---

1) 29. März. Winkelmann Urk. 41 „salvo tamen jure imperii et regni Arelatensis."

2) Ibid. Urk. 42.

3) quod nullo mediante ad nos in temporalibus pertinet.

4) Ficker (Reg. 416, 417) setzt die undatirten Urkunden schon zum zum Juni, Turin.

5) 1210. Winkelmann Urk. 43.

6) Ibid. 44.

7) „Quoniam vos et vestra ad nos nullo mediante pertinent.

von seinem Oheim, dem Grafen von Forcalquier, ererbt zu haben[1])
— Auch diese Ermahnungen mögen wohl wenig Erfolg gehabt haben:
und man kann wohl kein besseres Bild arelatischer Zustände geben,
als wenn man hinzufügt, dass dreizehn Jahre später von Friedrich II.
in derselben Sache mehrere Schreiben desselben Inhalts erlassen
sind, dass dann wieder nach zwölf Jahren dieser Kaiser in entgegen-
gesetztem Sinne entscheidet, dass 1242 ein Schiedsgericht die Sache
noch nicht zum Austrag bringt, bis 1251 Karl von Anjou endlich
mit dem Schwert entscheidet, indem er Pertuis für sich selbst er-
wirbt.[2]) — — —

Von weiteren Beziehungen Otto's zum Arelat hören wir nichts.
Das Versprechen, das er Innocenz III. gegeben hatte und dessen Nicht-
achtung dann den Bruch mit dem Pabste herbeiführte: denselben
gegen die Albigenser zu unterstützen, war wohl von Otto überhaupt
nicht ernst gemeint;[3]) seine Erfüllung hätte aber wohl dazu dienen
können, das Arelat wieder fester mit dem Kaiser zu verbinden.
Später soll dann Otto mit dem ketzerischen Raimund von Toulouse
in Italien zusammengetroffen sein, und sich mit Diesem gegen den
Pabst geeinigt haben.[4]) Dass Raimund mit dem Kaiser in gutem
Einvernehmen stand, geht auch aus seinen Urkunden hervor; von
weiteren Folgen ihrer Uebereinkunft hören wir aber nichts. Vielleicht
haben sie Maßregeln gegen Frankreich besprochen: wir sehen nämlich 1214 auch den Grafen von Toulouse auf Seiten Otto's IV. und
Johanns von England sich gegen Philipp August wenden. — Von
anderen burgundischen Großen finden wir auf Otto's Römerzug nur
Otto den Pfalzgrafen[5]) und den Grafen Gerhard von Mâcon.[6]) — —

Sehen wir uns nun das Vorkommen Philipps und Ottos in der
Datirung burgundischer Privaturkunden an, so finden wir hier recht
bezeichnende Erscheinungen.

Im Bisthum Sitten heißt es schon 1199 Philippo rege regnante,
dagegen in Chamounix — so nahe dabei — noch 1205 vacante Rom.

---

1) Vgl. l'art de verifier X. 431.
2) S. u. an den betreffenden Stellen.
3) Winkelmann Otto 195, 210.
4) Ibid. 293.
5) Oefele l. c. Reg. 455 — 457.
6) Ficker Reg. 339, 342.

imperio; im selben Jahre in St. Maurice Ph. regnante.[1]) — In Nord-Burgund scheint die Erwähnung des Königs wenig im Gebrauche gewesen zu sein, natürlich noch weniger in den rechtsrhönischen Gebieten. — Der Bischof von Die datirt nicht mehr nach dem deutschen König, sondern nennt gewöhnlich nur den Pabst;[2]) dagegen lesen wir in zwei Urkunden seiner Diöcese schon 1200 „Philippo regnante."[3]) — Die Dauphins von Vienne fangen jetzt erst an, die deutschen Herrscher zu erwähnen: noch 1201 finden wir nur die anni incarnationis, 1203 dann „Innoc. Papa existente, Philippo et Ottone de Imperio Rom. configentibus,[4]) 1210 „Ottone regnante Rom. imp." in dem Vertrag des Dauphins mit dem Erzbischof von Embrun.[5]) Diese Datirung ist dann nach 1208 in Sitten, Lausanne, wie auch im Arelat fast überall im Gebrauch.[6]) -- In der Provence datirt Raimund VI. von Toulouse erst 1210 nach Kaiser Otto.[7]) Sein Testament (Sept. 1209) ist nach dem französichen König datirt.[8]) Dasselbe ist merkwürdig durch die Scheidung, die er zwischen seinem Besitze im Gebiete des Kaisers und in dem des französischen Königs macht, deren Beider Vasall er zu sein bekennt; ausdrücklich giebt er den Rhône als Grenze an, alles Land auf der linken Seite desselben hat er vom Kaiser zu Lehen. Die Stelle ist für das rechtsrhönische Vivarais, das der Graf von Toulouse damals besaß, wichtig: dies führt er also nicht als deutsches Reichsgebiet auf. —

Im Allgemeinen scheint in den Urkunden der Provence sonst die

---

1) Forel Reg. 2586, vergl. auch Gingins rectorat de Bourg., a 298.

2) So 1199 Chevalier acad. delph. 46. 1203 ibid. 43; Gall. christ. XVI, 198.

3) Chevalier l. c. 52 und 59, der dies ganz fälschlich auf Philipp August von Frankreich bezieht.

4) Valbounais Hist. de Dauph. I, 183.

5) Hoffmann nov. script coll. I. 141.

6) Vgl. z. B. Chevalier Collect. des cart. Dauphin. VI, 1, 40. (1210, Juli.)

7) Vaissète Hist. de Languedoc III. pr. 97.

8) Vaissète l. c. III, pr. 214. ... Item dimitto Raymundum filium meum et terram suam et omnia sua sub defensione et custodia Philippi regis Franciae ... et Ottonis imperatoris Theutonicorum .... Beim Aussterben seines Stammes: totum quod habeo in dominatione regis Franciae remaneat eidem regi, .. et hoc quod teneo de imperatore, remaneat imperatori: videlicet totum, quod habeo in dominatione imperatoris ultra Rhodanum.

Auslassung des deutschen Königs das Gewöhnliche gewesen zu sein.[1]) Merkwürdig ist, wie die Templer in der Diöcese Vaison 1202 zweimal datiren: vacante sede imperatoria,[2]) dann aber 1203: regnante Philippo Rom. imperatore.[3]) Winkelmann[4]) schließt hieraus auf die allmähliche Anerkennung Philipps in Burgund, die dadurch illustrirt würde. Wir haben aber schon gesehen, dass ein solcher Schluss nicht immer berechtigt ist, sondern dass die Erwähnung der Regierung ebenso oft von der Tradition, von Zufälligkeiten, ja von Unwissenheit abhängt. Beweise hierfür kann man vielfach finden, abgesehen vom obigen „imperatore" selbst. So schreibt man 1200 in Die noch „Coelestino residente",[5]) 1201 in Bisthum Genf „regnante Friderico", was wir durch leichtfertige Abschrift von Vorurkunden, aber auch durch Unwissenheit uns erklären können. —

So haben wir nun die Akte der deutschen Kaiser für Burgund und die Zeugnisse seiner Verbindung mit dem Reiche bis 1214 betrachtet; mit diesem Jahr beginnt die Herrschaft Friedrichs II. im Arelat und damit ein neuer und wichtigerer Abschnitt für dasselbe, als die bis jetzt besprochene Zeit. Doch bevor wir zu diesem übergehen, wollen wir noch einen Blick auf die inneren Zustände Burgunds im Anfange des 13ten Jahrhunderts werfen.

Im nördlichen Burgund waren die alten traurigen Zustände auch nach der Einsetzung Otto's von Meran nicht besser geworden: im Gegentheil, der Krieg in diesen Ländern nahm immer größere Dimensionen an. Herzog Bertold von Zähringen, der „rector" Burgunds, von altem und nicht unbegründetem Hass gegen die Staufer beseelt, hatte sich auf die Seite Stephans von Auxonne, dessen Tochter er geheirathet hatte, gestellt; doch wurde er durch Thomas von Savoien, der als alter Gegner der Zähringer nun die staufischen Interessen vertrat, in Schach gehalten.[6]) In den Saône-Gegenden wehrte sich Otto von Meran gegen Stephan und den Grafen von Mâcon, die sich auf den Herzog des französischen Burgunds stützten; doch sein An-

1) S. die Urk. bei Papon l. c.
2) Chevalier Collect. III, 1, 97 und 98.
3) Ibid. 100.
4) Otto 530.
5) Chevalier acad. Delph. 52.
6) Wurstenberger l. c. I, 76, Gingins l. c. 121—123, 126 f.

theil an der Reichspolitik, sein Aufenthalt beim Kaiser verhinderte ihn wohl an energischer Kriegführung. Das Jahr 1211 brachte zwei Friedensschlüsse, welche diese verheerenden Fehden wenigstens auf kurze Zeit beendeten, während welcher „eine Viehweide zum Walde heranwuchs."[1]) Die Bedingungen des Vertrags zwischen Savoien und Bertold von Zähringen sind nicht überliefert; wohl aber die zwischen dem Pfalzgrafen und Stephan von Auxonne:[2]) sie zeigen in den schmachvollen Zugeständnissen des erstern, dass derselbe vollständig unterlegen war. Otto verzichtet auf alle seine Ansprüche, auf jeden Schadenersatz, auf jede Selbstständigkeit; er erklärt, „dass weder er, noch ein Anderer für ihn, sein Land verkaufen, verpfänden oder vertauschen dürfe ohne Zustimmung Stephans; er verspricht, dass, wenn etwa der Kaiser den letztern wegen seiner Angriffe zur Rechenschaft ziehen würde, er sich desselben annehmen und ohne Zustimmung Stephans keinen Frieden mit dem Kaiser machen würde." Neben dem Herzog von Burgund war auch Amadeus von Bisanz Zeuge dieses Vertrages: mit einem Schlage sah er jetzt die Autorität des Reichs von ihrem Vertreter selbst preisgegeben und diesen von seinem Lehnsmann zu Boden geworfen. Die staufische Politik Friedrichs I. für Nord-Burgund war somit gänzlich gescheitert. Die zuerst von ihm erhobenen Zähringer waren von den Staufern selbst in die Opposition gedrängt worden; die an ihre Stelle eingesetzte staufische Secundogenitur war theils durch das Fehlen der kaiserlichen Unterstützung, theils durch eigene Unfähigkeit zu Grunde gegangen; statt der beabsichtigten Stärkung der Macht des Reichs zeigte die Anarchie sich jetzt zügelloser, denn je: der Pfalzgraf sinkt zur Bedeutungslosigkeit eines kleinen Territorial-Herrn herab.

Einen höchst eigenthümlichen und schwer zu beschreibenden Anblick gewährt uns in dieser Zeit das Arelat. Den Anfang des 13ten Jahrhunderts bezeichnet hier ein Zustand allgemeiner Gährung, heftigen Kampfes Aller gegen Alle. Eine Reihe neuer Kräfte taucht auf, die sich gegen die alten Gewalten kehren und diese zu vernichten drohen. Gegensätze aller Art und auf jedem Gebiet stoßen mit leidenschaftlicher Heftigkeit aneinander; alle jene den Occident bewegenden Fragen, religiöse wie weltliche, treten in diesen alten

---

1) Zu Hautcrét; s. Cono. v. Lausanne M. S. XXIV, 781.

2) 11. October 1211, Dijon. Oefele l. c. Reg. 459.

Cultur-Ländern am Rhône wie in einem Mikrokosmus hervor und werden hier auf engem Raum nur um so schärfer und blutiger ausgefochten. In diesen reichen und bevölkerten Gegenden, die sich so lange selbst überlassen waren, hatten sich alle Institutionen des Mittelalters im höchsten Grade entwickelt: Geistlichkeit und Adel, Immunität und Beneficial-Wesen standen sich nun gegenüber: der Clerus im Besitz alter und ausgedehnter Rechte und Privilegien, der Adel durch Waffengewalt und Rührigkeit aufstrebend; ersterer in Vertheidigung, letzterer angreifend. Als dritte Macht kommen nun dazu, — zwar schon lange bestehend und bei dem Reichthum des Verkehrs bedeutend, nun aber auch rechtlich nach unbeschränkter Freiheit und Macht strebend: die städtischen Communen. Es gelingt ihnen in heftigen, immer erneueten Conflikten mit den Bischöfen und Herren die Gewalt derselben allmählich abzuschütteln und schließlich auch die rechtliche Anerkennung ihrer Institutionen von den Kaisern zu erlangen.

Neben diesen leidenschaftlichen Kämpfen der drei Stände, die, von keiner obern Gewalt eingedämmt und beschützt, bald angreifend und vertheidigend, sich verbindend und wieder trennend, nach Erweiterung ihrer Macht streben, erhebt sich nun um 1200 ein neuer, religiöser Kampf, furchtbarer als jene, doch nicht ohne Zusammenhang mit ihnen: der Krieg gegen die in Languedoc und in der Provence zahlreich entstandenen Ketzer-Sekten; der erste Kreuzzug im Occident selbst richtete sich gegen diese reichen Gebiete, der schrecklichste Akt des Mittelalters spielte sich hier ab und verwandelte die reichen Fluren in Wüstenei.

Damit aber gewann mit einem Male das Pabstthum hier durch das unmittelbare Eingreifen Innocenz' III. eine Machtstellung auch auf weltlichem Gebiete,[1]) die den deutschen Kaisern, deren Macht ja hier so gering war, um so gefährlicher werden musste, als der Pabst dieselbe in seinem Streit mit ihnen gewiss zu ihrem Schaden ausnutzen konnte. — Die kräftigste Unterstützung bei seinen Plänen fand Innocenz bei den Cistorciensern, die jetzt hier im Süden sehr einflussreich wurden; durch die engste Verbindung mit ihnen gewann er nun seine besten Vorkämpfer.

---

1) Vgl. die Erwerbung von Melguell (nicht weit von Arles, auf der rechten Rhône-Seite) für den päpstlichen Stuhl.

3

Auch die Kreuzzugsbewegung trat damals wieder stärker hervor; durch das Arelat nach Marseille flutheten die Pilgerschaaren, um sich dort nach dem heiligen Lande einzuschiffen. Nicht oft genug kann der Pabst die Großen des Arelats zum Kreuzzug, zur Ausrottung der Ketzer und zum Schutz der Cistercienser aufrufen; mehr noch bewirkt er durch seine mit ganzer Vollmacht ausgerüsteten Legaten — gewöhnlich Cistercienser — denen der Clerus zu bestimmten Leistungen, Jedermann zu völligem Gehorsam verpflichtet war. Sie greifen in weltliche Angelegenheiten ein,[2] verhängen nach Belieben Strafen, halten Concile[1] ab, führen selbst die Kreuzheere gegen die Häretiker und maßen sich die Herrschaft über jede andere Macht an. Zu wiederholten Malen fordert Innocenz die Erzbischöfe von Aix, Embrun, Arles u. s. w. auf, die Legaten, besonders den Cistercienser-Abt Arnold, in der Verfolgung der Ketzer zu unterstützen und ihren Anordnungen Folge zu leisten.[3] Man kann sich denken, wie lästig dem Clerus diese anspruchsvollen und kostspieligen römischen Legaten waren;[4] dennoch fügte er sich, weil der Pabst ihn auf der andern Seite kräftig gegen die Uebergriffe des weltlichen Adels schützte und allein schützen konnte.[5] — —

Von den größeren weltlichen Nachbarn Burgunds ist vor Allem Frankreich, das unter Philipp II. August so sehr an Bedeutung gewann, zu betrachten; doch sind seine Eingriffe in die Verhältnisse Burgunds, wenn wir von Lyon absehen, nicht wesentlich hervortretend. Zu Vienne wurde er 1200 wegen seiner Ehe mit Agnes

---

1) Die Städte des Arelats wurden häufig zu Concilien ausersehen; 1200 Vienne, 1209 Montelimart, Avignon; 1210 Arles, Avignon, S. Gilles. S. Labbe Conc. XI.

2) Z. B. Potthast Reg. 4229: . . . Legatis Innoc. mandat, faciant, ut sententia ab eodem abbate lata in comitem Forcalqueriensem et plures alios nobiles viros, qui pedagia, exactiones indebitas et alias iniquitates in stratis publicis . . commiserunt, firmiter observetur.

3) 1199: (Potthast 764, 2230) . . ut legatum humiliter . . recipiant, observent, quae ipse inter eos statuenda et corrigenda duxerit eique contra hereticos adsint.

4) 1208 (Potthast 3394): Innoc. Arel. archiepiscopo praecavet, ne ullum ei generetur prejudicium per obsequia impensa legatis, . . . cum eadem provincia nonnisi legato de Romani pontificis latere sit subjecta.

5) S. Potthast 1395, 4229; (1208): Innoc. consulibus, militibus et hominibus tam burgi quam civitatis Arel., V. de Baucio . . et aliis dominis . . . mandat, ut . . ecclesiae Ar. debita et consueta servicia impendant.

von Meran von einer großen Zahl von Prälaten mit dem Interdikt belegt, wofür er dann die Geistlichen, welche diesem zugestimmt hatten, — worunter die Erzbischöfe von Lyon und Vienne, — mit Krieg und Raub bestraft haben soll.[1] Ueberhaupt werden die rechtsrhônischen Reichsgebiete, also Lyon und Viviers,[2] öfters von seinen Angriffen zu leiden gehabt haben; auf die Dauer konuten sich dieselben auch nicht einer rechtlichen Abhängigkeit von Frankreich entziehen. 1200 spricht ein Lyoner Erzbischof selbst aus, dass ein Theil seiner Diöcese zu Frankreich gehöre.[3] Von einer Abhängigkeit des Vivarais von dieser Macht haben wir keine positiven Nachrichten aus unserer Zeit: die Concurrenz der Grafen von Toulouse[4] hinderte hier die französische Herrschaft; doch als diese wegfiel, sehen wir alsbald den französischen Einfluss mächtig hervortreten.[5]

So bildete der Rhône sich immer mehr als Reichsgrenze aus; diesseits desselben ist von französischem Einfluss wenig zu finden. Nehmen wir die Privilegien-Bestätigung für Aimar, Graf von Valentinois, aus,[6] so finden wir von Beziehungen des französischen Königs zu linksrhônischen Großen keine Spur. Damit ist aber nicht gesagt, dass nicht in diesen Zeiten der Kreuzzüge, — wo die französischen gegen die Albigenser ziehenden Heere so oft ohne Beachtung der Reichsgrenze ihren Weg durch das Arelat nahmen, wo auch der ganze Zug der nach dem heiligen Lande Pilgernden sich durch Burgund wälzte, um sich in Marseille einzuschiffen, — der Einfluss französischer Sitten und Anschauungen hier Platz gegriffen hätte; die Erkenntniss verwandter Sprache und Race, gemeinsamer Denkart und Bildung musste auch den Wunsch politischer Zusammengehörigkeit erzeugen und den losen Zusammenhang mit dem unbekannten oder gar verhassten[7] Deutschthum höchlich gefährden. Dann war

---

1) Vgl. Hüffer Lyon 75 f.

2) Urk. bei Vaissète l. c. III, pr. 117: „si vero quicunque rex Franciae aliquem episcopum Vivariensem guerra infestaret."

3) Hüffer l. c. 74.

4) Vaissète III, pr. 58, 99.

5) A. 1219 s. Delisle Catalogue des actes de Phil. II, Aug. 1933.

6) Ibid. 1167, a. 1209; wohl für dessen rechtsrhônische Besitzungen: die Grafschaft reichte über den Rhône hinaus.

7) S. Toeche l. c. 288, wo wir in Gedichten provençalischer Troubadours die ganze hochmüthige Verachtung der deutschen Barbaren ausgesprochen finden.

ja bei dem lebhaften Verkehr, den ein großer schiffbarer Strom immer zwischen den beiden Ufern entwickelt, auch in Friedenszeiten das Arelat viel mehr auf die rechtsrhönischen Nachbarn angewiesen, als auf das durch die Alpen von ihm getrennte Deutschland. — —

So haben wir gesehen, welche Hindernisse und Schwierigkeiten sich der Herrschaft der deutschen Kaiser in diesen Landen entgegenstellten und wie sehr letztere schon jetzt, während des fünfzehnjährigen Zwistes im Reiche, demselben entfremdet waren. Mit Friedrich II. beginnt für das Arelat eine neue Epoche. In ihm war das Bestreben mächtig, dies so lange nur in äußerlichem Connex mit dem Reiche stehende Gebiet fest in die staufische Monarchie einzufügen, es durch geregelte Verwaltung zu ordnen, Leistungen für sich daraus zu ziehen, kurz, dasselbe für seine innere und äußere Politik auszunutzen. Wie weit ihm dies gelang, wird im Folgenden darzulegen unsere Aufgabe sein.

Das Arelat unter Friedrich II.[1]

I. Abschnitt.

Vom Hoftag zu Basel bis zum Ende des Albigenser-Kriegs.
1214—1229.

Das Jahr 1214 ist ebenso für Friedrich II. epochemachend,
wie für die Beziehungen des Arelats zum Reiche. Und vielleicht
war es dasselbe Ereigniss, dessen Bedeutung sich hier wie dort kundgab: die Schlacht bei Bouvines. Hatte Friedrich II. auch schon
vorher große Vortheile über seinen Gegner Otto errungen, so entschied diese Schlacht — ohne ein Zuthun Friedrichs selbst — den
endgiltigen Sieg des Staufers. Seine Macht stand nun fest, auf den
Pabst und Frankreich zugleich gestützt, über Deutschland und Italien
reichend, im Innern wenig mehr angefochten.

Kein Wunder, dass sich jetzt auch die Augen der arelatischen
Großen auf diesen jungen Herrscher wandten; die so lange der
kaiserlichen Souveränetät gegenüber bewiesene Nachlässigkeit schien
jetzt nicht mehr rathsam zu sein; man musste sich beeilen, mit der
neuen Macht sich auf guten Fuß zu stellen. Und hierzu mochte
noch ein anderer Beweggrund veranlassen: die Macht des französischen Königs, eben durch die Schlacht bei Bouvines so gewaltig

---

1) Man kann diesen Abschnitt nicht besser einleiten als mit den
Worten Huillards in der Introduction p. 252: „Nous commencerons par
„indiquer ici avec autant de précision, qu'il est possible de le faire en un
„sujet si obscur, les faits principaux, qui se rapportent à l'influence politique
„de l'empereur Frédéric II. sur le royaume d'Arles, et nous chercherons à
„établir jusqu'où s'étendit cette influence pendant la 1ième moitié du
„13. siècle, c'est à dire à la veille du jour, où les droits impériaux allaient
„tomber en désuetude. Les historiens de la Provence, soit par l'effet d'un
„parti pris, soit par le manque de renseignements suffisants ont à peine
„effleuré cette question, qui n'est cependant pas dépourvue d'interêt."

gestiegen, der Einfluss desselben, jetzt um so viel mehr zu fürchten, ließ die burgundischen Großen, vor Allem die am Rhône und über denselben hinaus wohnenden, daran denken, sich einen starken Rückhalt gegen den gefährlichen Nachbarn zu sichern, dessen etwaige Herrschaft doch viel bedrohlicher war, als die alte, so wenig reell ausgeübte des deutschen Kaisers. Nehmen wir noch hinzu die oben besprochenen, den Bischöfen so unbequemen Bestrebungen der weltlichen Großen und der städtischen Communen, so finden wir in all' diesem die auffallende, weil so lange nicht mehr dagewesene große Privilegien-Verleihung, die sich an den Hoftag zu Basel (23. November 1214) knüpft, begründet.

Wir finden hier bei Friedrich zwei Bischöfe des Arelats, Disdier von Die und Geoffroy von Tricastin,[1]) der Erstere wegen seiner Frömmigkeit verehrt, der Letztere vielfach politisch thätig: 1213 war er auf dem Concil zu Lavaur, soeben auf dem von Montpellier gewesen, im nächsten Jahre ist er auf dem großen lateranischen.[2]) — Als Bevollmächtigte der beiden mächtigsten Großen des Arelats, der Erzbischöfe von Vienne und Arles, sollten sie für diese und die anderen Bischöfe dieser Provinzen den Treueid leisten, die alten Privilegien bestätigen lassen, andere zu erlangen suchen und so eine neue Verbindung mit dem jungen Herrscher herstellen. Von den Diplomen, die sie erhielten, sind uns bewahrt: vier für Vienne, zwei für Die, eins für Viviers, eins für die Abtei Romans, zwei für Arles, eins für Tricastin.[3])

Umfassende Privilegien erhielt der Erzbischof von Vienne „quia princeps nostri consilii est et archicancellarius in Burgundia et primus in aula regali et in administratione reipublicae ceteris exellentiori dignitate praepolleat." In der Haupturkunde[4]) folgt Friedrich II. zum Theil seinen Vorgängern, indem er dem Erzbischof jenes hohe,

---

1) I. e. S. Paul-trois-Châteaux.

2) S. Gariel Bibl. hist. et litt. de Dauph. II, 328. Gewiss sollte Geoffroy zugleich den Beschluss des Concils v. Montpellier, den Grafen v. Montfort an Raimunds VI. Stelle zu setzen, dem Kaiser mittheilen. Ein anderer arel. Großer, der Erzb. v. Embrun, war zum selben Zwecke an den Pabst geschickt worden. Vgl. Raynaldi ann. eccl. 1214, §. 20.

3) Vorher wäre noch (21. April 1214) die Schenkung der Kirche Memmingen durch Friedrich II. an das Johanniter-Hospital St. Anton in der Diöcese Vienne zu erwähnen. Huillard-Bréh. (HB.) I, 297.

4) HB. I, 325; vgl. Berchtold Entw. der Landeshoheit 113 f.

die Stadt beherrschende Schloss Pipet, wie auch die anderen Palatia und den Hafen der Stadt übergiebt, deren Hut in Abwesenheit des Kaisers allein dem Erzbischof und den Kanonikern zukomme. Sodann erfolgt eine ganz umfassende Besitz- und Regalienbestätigung, welche jede andere Gewalt in Vienne ausschließt und den Usurpatoren befiehlt, alles Angemaßte zurückzugeben. Vor Allem wird aber die alleinige Gerichtsgewalt des Erzbischofs tam civiliter quam criminaliter betont (natürlich salvo jure imperiali), und jeder Zoll ausschließlich i h m überwiesen. Die Urkunde ist durch ihre genaue Aufzählung aller Regalien und Rechte wichtig. Doch ist es auffallend, dass hier nicht, wie gewöhnlich, ein Verbot der communitates etc. der Bürger aufgenommen ist; es ist nur im Allgemeinen jede laicalis persona von der Herrschaft in der Stadt ausgeschlossen. Wahrscheinlich war es hier in Vienne bei den beherrschenden Positionen, die der Erzbischof inne hatte, noch nicht zu einer freiern Organisation der Commune gekommen; mit laicalis persona wäre dann eher der Dauphin von Vienne und der Graf von Vienne und Mâcon gemeint, die von Alters her in der Stadt Besitzungen und Rechte hatten [1]) und dieselben trotz der kaiserlichen Verbote nie aufgegeben haben. — Wichtig ist noch die Bestimmung, dass die Bürger von Vienne und Romans verpflichtet werden, dem Erzbischof, wenn er an den Hof des Kaisers zieht oder diesen nach Italien begleitet, angemessene Unterstützung zu leisten, [2]) was aber auch schon Friedrich I. festgesetzt hatte (1157).

---

1) Ficker §. 178. Rfrstd. unterscheidet dieselben nicht. Vgl. über sie Hüffer Burg. 92 ff. und Charvet Fastes de la ville de Vienne. Nach ihm besaß damals der Dauphin den Palast, wo heute das Gefängniss und das Gericht ist, der Graf v. Mâcon den obern Palast, wo heute das Kapuziner-Kloster ist.

2) .. ad haec decernimus, ut in adventu nostro vel quotienscumque ad curiam nostram vocatus fueris vel expeditionem nobiscum facere debueris, cives Vienn. et Romanenses, omni excusatione remota, congrua tibi subsidia conferant.

Ueber die Verhältnisse in Romans, wo der Erzb. von Vienne zugleich Abt war, haben wir gerade aus dieser Zeit (c. 1212) eine Urkunde (Giraud essai hist. sur l'abbaye de S. Barnard II, pr. p. 95), aus der wir die Rechte des Abtes und der Bürger genauer ersehen. Beide schlossen damals Frieden; den Bürgern wurde jede conjuratio, conspiratio etc. verboten, ebenso jedes Colleg von Consuln, Richtern, jede Steuererhebung. Dann wurde die Truppen-Stellung und Unterhaltung in Kriegszeiten zwischen Abtei und Stadt ge-

In der zweiten Urkunde[1]) wird dem Erzbischof eine Zollstätte
bei Vienne bewilligt, wo er von jedem Passirenden pro singulis
chargiis zwölf Denare erheben dürfe. Im Falle, dass die Kaufleute
und Andere diese Straße umgehen sollten, bestimmt eine dritte Urkunde,[2]) dass der Erzbischof den Zoll bei der Villa St. Clari oder
auch anderswo nach Belieben erheben dürfe. Endlich verbot ein
Schreiben[3]) des Kaisers allen weltlichen Großen der Provinz Vienne,
Zölle ohne kaiserliche Verleihung oder in höherem Betrage, als ihnen
zustehe, zu erheben; gegen solche Uebertreter sei der Erzbischof be-
auftragt, mit Strafen einzuschreiten. Auch die Abtei Romans, deren
Abt der Erzbischof von Vienne war, erhielt einen Schutzbrief[4]) für
alle Besitzungen, Märkte, für Hafen und Brücke; nur die Canoniker
dürften hier Zölle erheben: „salva nimirum per omnia justitia imperatoris et ecclesiae Viennensis.“

Für sich selbst erhielt Disdier von Die ebenfalls bedeutende
Vorrechte.[5]) Seine Besitzungen werden aufgezählt und in kaiserlichen Schutz genommen, jede andere Macht in der Stadt Die[6]) und
dem Bisthum von der Herrschaft ausgeschlossen. Dann wird auch
hier bestimmt, dass die Bürgerschaft die Kosten der Reise des Bischofs zu Hofe tragen sollten. Am schwersten wurde Aimar von
Poitou, der Graf von Valentinois und Diois durch das Diplom ge-
schädigt. Sein ganzer Besitz in Die wird dem Bischof zugesprochen
und vor Allem ihm die starke Festung Quintum[7]) aberkannt. Außerdem befiehlt ihm ein kaiserliches Schreiben[8]) in strengen Ausdrücken,
sich jeder Anlage von Zollstätten und Befestigungen in Diois zu

---

regelt und endlich bestimmt: „expensas Summi Pontificis et suorum faciat
Ecclesia, Imperatoris et suorum faciat Villa.“ Also bestreitet die Abtei
die Kosten, welche der Besuch des Erzbischofs beim Pabste, oder auf Concilien, oder Kirchensteuern, vor Allem die päpstl. Legaten verursachen;
die Bürgerschaft die Ausgaben für den Besuch des kaiserl. Hofes oder für
eine militärische Unterstützung des Kaisers.

1) HB. I, 328.
2) Chevalier Collect. des cart. Dauph. VI, 2, 83.
3) Ibid. 84.
4) Winkelmann Urk. 122.
5) HB. I, 330.
6) .. ut .. nullo unquam tempore aliquem excepto suo pontifice dominum habeat et possessorem, praeter Romanum regem vel imperatorem.
7) Vgl. Gariel l. c. 449.
8) HB. I, 333.

enthalten, weil dies gemäß der Verleihung Friedrichs I. allein dem Bischof zustehe. Schon Heirrich VI. hatte 1188 dies Gebot erlassen (s. o. S. 12), das nun Friedrich II., wahrscheinlich mit nicht besserem Erfolg, erneuern muss.

Der Bischof Bruno von Viviers, der vor Allen nach der Niederlage des Grafen von Toulouse von Frankreich bedroht war, erinnerte sich jetzt nach so langer Zeit wieder seiner Abhängigkeit vom Kaiser und ließ sich seine Privilegien, die er zuletzt 1177 von Friedrich I. erhalten hatte, auf's Neue bestätigen.[1])

Wichtiger sind die Privilegien[2]) für den Erzbischof von Arles, dessen Stadt als „Haupt der Provence und vorzüglicher Sitz des Kaisers und Reichs" bezeichnet wird. Ihm werden noch bedeutendere Rechte eingeräumt als dem Erzbischof von Vienne: von allen Erträgen und Einnahmen, die aus seinem Sprengel gewonnen wurden, sollte er die Hälfte erhalten;[3]) dann wurde ihm vollste Reichsunmittelbarkeit und Freiheit von jeder andern Gewalt und eine Reihe von aufgezählten Besitzungen und Regalien garantirt. Das Verhältniss aber zu der Bürgerschaft von Arles ist hier schon ein ganz anderes, wie das in Vienne. Hier, wie überall in den größeren Städten der Provence, besonders also in Avignon[4]) und Marseille,[5])

---

1) HB. I, 329.

2) HB. I, 334.

3) Ficker l. c. §. 215 sagt: „die andere Hälfte wurde wahrscheinlich dem Reiche vorbehalten". Dieses ist richtig, 1144 sogar noch drei Viertel für den kaiserl. Fiscus. Es steht aber fest, dass das Reich niemals diese Abgabe erhoben hat, sondern dass diese Bestimmung ebensowenig von praktischem Nutzen war, wie die in der comminatio der Urkunden stehend gebrauchte Geld-Formel. Die andere Hälfte blieb faktisch der Commune von Arles; das Reich hat aus dem Arelat keine Revenuen bezogen. Vgl. darüber Anibert Mém. hist. sur la républ. d'Arles (II, 81 f., III, 116 f.), der sich mit diesen Fragen eingehend und verständig beschäftigt hat.

4) 1206 hatte Gr. Wilhelm v. Forcalquier den Consuln von Avignon ihre Rechte, die ihnen sein Großvater schon vor 70 Jahren gegeben hatte, nämlich plenam podestativom, dominationem, jurisdictionem... libertatem dominandi, bestätigt, wofür er für sich die „Cavalcata", d. h. kriegerische Unterstützung gegen gewisse Feinde, beansprucht. Fantoni-Castrucci Storia d'Avignone II, 55.

5) Hier hatte sich Roncelinus, Mönch des Klosters St. Victor „impetu populari" zum Vicecomes gemacht und behauptet sich lange trotz des päpstl. Widerspruchs. Potthast 3163; Cartul. de S. Victor 904, 905.

hatte man sich entschließen müssen, den alten und mächtigen städtischen Organisationen[1]) Concessionen zu machen; auch Friedrich II.
kann sie nicht mit Stillschweigen übergehen. Wenn er auch dem
Erzbischof alle Gewalt giebt „in creandis consulibus et retinenda
civitate ad servicium imperii et domini imperatoris", bestätigt er
den Bürgern in einer besondern Urkunde[2]) zugleich ihr schon von
Friedrich I. ihnen zugestandenes Consulat. Jährlich vom Erzbischof
gewählte Consuln sollten die Gerichtsbarkeit[3]) ausüben, unbeschadet
der Rechte, die dem erstern selbst hierbei zuständen.

Endlich erhielt der Bischof von Tricastin für sich ein Diplom,[4])
das ihm die Herrschaft der Stadt sichert, deren milites und cives
auch zu den Kosten der Hoftagsbesuche steuern sollten. Diejenigen,
welche gegen den Willen des Bischofs Märkte und Münzstätten an-
gelegt hätten, werden mit harten Strafen bedroht. — — —

Auch Otto von Meran, der Pfalzgraf von Burgund, und Amadeus
von Bisanz waren auf diesem Hoftag anwesend. Im Uebrigen sind
wir über die Verhältnisse von Nord-Burgund seit 1211 noch bis
1217 vollständig ohne Nachricht. Was wir später während der
ganzen Regierung Friedrichs II. genauer verfolgen werden: die auffallende Vernachlässigung des Nordens, vor Allem von Lyon, gegenüber den südlichen Gebieten von Seiten des Kaisers und die dadurch
bedingte gänzliche Schwächung der Reichsgewalt und der wenigen
reichsfreundlichen Elemente hierselbst — kommt schon jetzt deutlich
zu Tage. Der deutsche Pfalzgraf hat seine Macht verloren (s. o.
S. 34), dagegen tritt der Einfluss des französischen Herzogs Otto
in dieser Zeit sehr bedeutend hervor. Verwandter und Stütze aller
jener kleinen burgundischen Herren, mit denen der Pfalzgraf im
Kampfe lag, hatte er ihre Fehden zur Stärkung seiner Macht benutzt. 1214 hatte er auf Seite Philipps II. August bei Bouvines
gekämpft; dadurch trat er jetzt auch zu Friedrich II. in ein näheres
Verhältniss. Welcher Natur dieses war, ist allerdings nicht deutlich.
Winkelmann sagt:[5]) „Zu Basel vollzog sich der Anschluss Burgunds
an Friedrich II.; Herzog Otto von Burgund wurde von ihm

---

1) In Arles bestand das Consulat seit 1131. Anibert l. c. II, 248.
2) HB. I, 336.
3) „Tam contentiosam, quam voluntariam."
4) HB. I, 337.
5) Otto IV, 385, 3.

zum Reichsvicar für dieses Königreich bestellt. Als solcher urkundet er 1216 für Vienne." Indess verhält sich dies doch nicht so. Wir wissen weder, wann Otto von Friedrich II. zum Reichsvicar ernannt wird, noch ob er überhaupt dazu ernannt ist. Wir haben nämlich hierüber 1) eine Notiz in der series episcoporum Viennensium:[1]" Burno sedem episcopalem tenebat 1216, quo Odo dux Burgundiae confirmavit privilegia ecclesio Viennensis et de novo concessit, tanquam vicarius regis Friderici in regno Arelatensi, 2) die diese Notiz zum Theil bestätigende Urkunde von 1216,[2] worin Otto dux Burgundiae (ohne andern Titel) dem Erzbischof, seinem Freunde, den Zoll, den ihm Friedrich II. 1214 verliehen hatte, bestätigt und ihn bei der Erhebung desselben zu schützen verspricht.[3] Also urkundet Otto weder als Vicar, noch geht hervor, dass er 1214 dazu ernannt ist. Man könnte nur fragen, ob er überhaupt von Friedrich II. zum Vicar des arelatischen Reichs bestellt ist, wie dies die obige Notiz angiebt. Dagegen spricht nun vor Allem die Thatsache, dass wir um 1215 noch gar keine Vicare unter Friedrich II. finden, sondern dass dieselben in Italien erst nach 1220, im Arelat erst 1235 auftreten.[4] Da letztere genau den Titel führen, wie Otto in der „series episc. Vienn.", so kann man zu der Annahme gelangen, dass der Schreiber, der die series im Jahre 1239 verfasste,[5] die Organisation seiner Zeit auf die frühere übertragen hat, um sich die Bestätigung des Herzogs zu erklären. Wäre Otto officiell Reichsvicar gewesen, so hätte er sich in seiner Urkunde auch so genannt. Nun könnte man aber glauben, dass, weil Otto, ein französischer Herzog, einem deutschen Reichsfürsten einen Schutzbrief ausstellt, er dies kraft eines officiellen Amtes, welches, wenn nicht nominell, so doch faktisch ein Vicariat war, gethan habe. Doch erklärt man sich dies wohl besser anders. Wir wissen aus mehreren Nachrichten, dass Otto, als Bruder des damaligen Dauphins Guigues' VI. von Vienne, in Vienne von großem Einfluss war und auch öfters — so 1214 bei der Verlobung der

---

1) M. S. XXIV, 816.

2) Chevalier Collect. d. cart. Dauph, VI, 2, 84.

3) Datirt: D. Fred. Rom. rege semper Aug. feliciter regnante.

4) Ganz vereinzelte Fälle, wo wir früher (nicht unter Friedrich II.) in Italien Vicare des Reichs treffen s. Ficker „Forschg. zur ital. Rchsgesch." §. 393, 15; doch auch hier in anderem Sinne. — Trotzdem nennt auch Ficker Odo Reichsvicar im Arelat. (Reg. 776.)

5) S. M. S. l. c. 811.

Tochter Guigues' mit Amaury von Montfort[1]) — sich daselbst auf-
hielt. Was war nun natürlicher, als dass der Erzbischof sich seinen
Zoll von dem mächtigen Nachbar, mit dem er befreundet war, bestätigen ließ? Wäre Otto Vicar Friedrichs II. gewesen, so hätte
er letzteres gar nicht thun können, da er dann die Verleihungen
seines Herrn als Beamter schon an und für sich gutheißen musste.

Haben wir so gefunden, dass Otto nicht von Friedrich II. zum
Vicar des Arelats ernannt ist, so fällt auch der von Winkelmann
hervorgehobene Widerspruch mit der 1215 erfolgten Verleihung des
Arelats an Wilhelm von Baux fort, bei der wir nun etwas länger
verweilen müssen.

Vom 8. Januar 1215, Metz,[2]) haben wir eine Urkunde,[3])
durch welche Friedrich II. dem Wilhelm von Baux salvo jure
imperiali das Reich Vienne, auch Arelat genannt, überträgt. Er
investirt ihn damit und verspricht, ihn krönen zu lassen, wenn
er sich selbst die Kaiserkrone aufsetzen würde. Zugleich wird den
Bewohnern des Arelats befohlen, dem Wilhelm von Baux den der
Krone schuldigen Eid und Gehorsam zu leisten. Die dagegen Han-
delnden sollten in die Acht erklärt und von Wilhelm ergriffen und
gerichtet werden können.[4])

---

1) Petri Hist. Alb. Bouquet XIX, 91 und 95; 1210 hatte er den Vertrag unterzeichnet, durch den der Dauphin alle seine Güter in Embrun dem
Erzb. auftrug und dann zu Lehen nahm (Dat: regn. Ott. Rom. imp.) Hoffmann nov. script. coll. I, 141.

2) Anno Dom. incarn. 1214, ind. 3, Metii datum, VI ydus Januarii,
regn. dom. Fred. Rom. rege, anno regni ejus feliciter tertio.

3) Original nicht erhalten, nur eine Abschrift von 1343 kürzlich von
Blancard gefunden und publicirt (Revue des sociétés savantes des départ.
VI, 2, 439). Jetzt auch Winkelmann 125.

4) Nach sehr langer arenga: ... quod ob exhimia servicia ... que
predecessores tui nostris piis progenitoribus, Willelme de Baucio, obtulerunt
et tu in antea et heredes tui nobis ... es oblaturus ... conferimus
auctoritate regia, salvo jure imperiali, tibi Willelmo de Baucio et tuis
regnum V., quod et Ar. dicitur, cum omnibus pertinentiis et
te donatione investimus, et cum coronam imperii, favente
divina gratia, adepti fuerimus, te nobiscum procurabimus
coronare.
.. precipientes etiam, ut omnes in regno predicto degentes, tam clerici
quam laici, tam nobiles quam plebei, tibi dicto Guill. et tuis obediant et
sacramenta et fidelitates prestent, que corone debent adhibere. ...

Es ist nicht zu verwundern, dass diese merkwürdige Urkunde, die einen nicht allzu bedeutenden Herrn des Arelats plötzlich zum Könige dieses Reichs macht, Zweifel an ihrer Echtheit oder doch verschiedene Auslegungen hervorgerufen hat, die sich vollständig widersprechen. Im Ganzen werden sich die Ansichten auf drei verschiedene reduciren.

1) Winkelmann[1]) hält unsere Urkunde für unecht aus diplomatischen wie sachlichen Gründen. Erstere giebt er nicht an, die letzteren findet er darin, dass Wilhelm von Baux n i e den Titel eines Reichsvicars, geschweige denn eines Königs geführt hat. 2) Ficker[2]) und Blancard[3]) halten sie für echt „da ein ausschlaggebender Grund gegen die Echtheit zu fehlen scheint. 3) Huillard,[4]) der die Urkunde noch nicht kannte, sondern nur das Regest, meint, Wilhelm hätte nur den V i c a r s titel erhalten; Friedrich II., der sich 1231 selbst „rex Arelatensis“ nennt, sei viel zu eifersüchtig auf seine Macht gewesen, als dass er einem Vasallen hätte diesen Titel geben sollen. Auch führe Wilhelm nie in Urkunden und Münzen den Königstitel. — Dieses letztere Auskunftsmittel können wir gleich beseitigen. Wilhelm ist deutlich zum K ö n i g designirt, nicht zum Vicar; er nennt sich ja auch nie so. Außerdem hat es, wie wir sehen werden, im Arelat vor 1235 keine Vicare gegeben.

So fragt es sich nur, ob die Urkunde echt oder Fälschung ist. Letztere müsste dann schon vor 1257 fabricirt sein, denn in diesem Jahre wurde sie bereits von Raimund, dem Sohne Wilhelms, vorgezeigt, als er seine Rechte an Karl von Aujon abtrat.[5]) Um den Preis für die Abtretung zu steigern, hätte Raimund wohl das Diplom gefälscht, meint Winkelmann. — — —

Diplomatische Gründe gegen die Echtheit der Urkunde kann man kaum anführen; die Zeugen stimmen genau, ebenso Ort und Datum. Reiner von Lüttich lässt den König ja am 6. Januar noch zu Metz einen Hoftag halten, und wir haben keinen Grund,

---

.. si quis .. contra mandatum nostrum venire presumpserit, tanquam lese majestatis criminosus ab omnibus evitetur et omnia bona ipsius puplice dirrupiantur.....

1) Otto IV. 385, 3; 387, 5. Urk. 125 Anm.

2) Reg. 776.

3) l. c.

4) Introd. p. 250 und I, 353, 1; ihm folgt Berchtold l. c. 119.

5) Blancard l. c.; Winkelmann Urk.

diese Angabe mit Winkelmann und Ficker zu bestreiten, weil Friedrich II. schon am 12ten in Gelnhausen ist. Ficker selbst erklärt die Ungenauigkeit des Datums mit der in den Urkunden jener Zeit ganz gewöhnlichen Verschiebung.[1]) — Jedenfalls muss der Fälscher doch, da das Protokoll und die Zeugen so genau stimmen, eine echte Vorlage gehabt haben.

Und in der That soll Wilhelm von Baux damals noch ein zweites Privileg erhalten haben:[2]) die Bestätigung des den Herren von Baux 1145 von Konrad III. verliehenen Münzrechts. Könnte nun nicht der Fälscher das richtige Protokoll dieser Urkunde[3]) dem gefälschten Text der anderen hinzugefügt haben? Dann wäre die diplomatische Genauigkeit erklärt. Wir müssen also auf den Inhalt der Urkunde eingehen.

Von vorne herein muss man doch sagen, dass, so viel und unverschämt auch im Mittelalter gefälscht ist, eine solche Fälschung, wie die in unserm Falle anzunehmende, wo sich ein kleiner Herr zum König fälscht, dennoch ohne Beispiel wäre. Was giebt denn die Berechtigung zu dieser Annahme?

Ganz allein die Bemerkung, dass Wilhelm von Baux sich nie mit dem Königstitel nennt, weder in Urkunden, noch auf Münzen,[4]) sondern immer nur, wie vorher princeps Aurasicae.[5]) Und dies könnte ja auffallend erscheinen, besonders in einer Zeit, wo man es liebte, sich mit seinen rechtlichen Titeln zu schmücken, wenn sie auch noch so wenig reellen Werth hatten.[6]) Auch Friedrich II. nennt dann Wilhelm im nächsten Jahre nur einfach mit seinem Namen ohne jeden Titel.[7])

---

1) Reg. 776. Urkundenlehre II, 409. Sein Zweifel an der Notiz Reiners kommt auch nur daher, weil er die undatirte Urk. (nur mit 3. Jan. Trier) für Kloster Waldsassen in dies Jahr setzt, wozu wenig Grund ist.

2) Papon II, pr. n. 15, Anmerk. giebt diese Notiz zu 1214, doch wäre noch die Frage, ob man nun mit Ficker (Reg. 777) diese Urk. als beglaubigt zum Jan. 1215 einfügen darf.

3) Nebst der Goldbulle, die an der fraglichen Urk. hängend erwähnt wird.

4) Auf seinen Münzen steht u. A. Imperator Fridericus. HB. l. c. ibid.

5) S. z. B. Vaissète l. c. III, pr. 87.

6) Also dies wäre auch kein Grund für die Verschweigung seiner neuen Würde (wie es Blancard meint).

7) Febr. 1216, Hagenau HB. I, 442.

Aber kam denn Wilhelm schon die Königswürde zu? hatte er
schon ein Recht, von dem erhaltenen Diplom Gebrauch zu machen?
Nein; der Wortlaut desselben, der wohl nicht ohne Absicht so for-
mulirt ist, ließ dies gar nicht zu. Wilhelm wurde zwar mit dem
Arelat investirt, aber die Rechte werden doch deutlich an den Besitz der Krone geknüpft: es heißt, alle Bewohner sollen Gehorsam
und Treueid leisten, que corone debent adhibere, d. h. wie er der
Krone zukommt; diese aber sollte Wilhelm erst dann empfangen,
wenn Friedrich II. selbst zum Kaiser gekrönt werden würde.[1]) Daher
nennt sich Wilhelm bis dahin noch nicht rex, ebenso wenig, wie
später Karl von Ajon, dem doch die aus diesem Diplom sich erge-
benden Rechte cedirt werden. — Hätte übrigens Raimund, wenn
er die Urkunde gefälscht hätte, wohl jene Clausel, welche ja den
Nutzen der Fälschung illusorisch machte, erfunden?

So sehen wir, dass Gründe für die Unechtheit
der Urkunde nicht vorhanden sind.[2]) Auch ist dieselbe
gar nicht so unerklärlich, wie dies auf den ersten Blick scheinen
möchte: die Verleihung des Arelats an Wilhelm von Baux ist nur
ein Glied in der Kette jener vielfachen Versuche, die wir schon
beobachtet haben und die bis in's 14te Jahrhundert noch öfters wieder-
kehren: nämlich, dies Reich einem bedeutendern Großen zu geben,
sowohl um diese Gebiete nun fester zusammenhalten zu lassen, als
auch um jenen durch diese Auszeichnung ganz an das kaiserliche

---

1) Auch 1193 bei der Vergabung an Richard v. England wurde gerade
die Krönung ausdrücklich betont (s. o. S. 8).

2) Für die Echtheit der Urk. könnte man noch folgende Analogie
heranziehen, den einzigen Fall, wo ebenfalls ein Königstitel verliehen wird:
die Erhebung Oestreichs (1245, Verona, HB. VI, 302); und da finden wir,
dass beide Mal die Kanzlei die Vorrechte des Königs in gleicher Weise
bestimmt:

1215	1245
Insuper facimus ut nolentes tibi tuisque obedire, sicubi capti fuerint vel custo- diae mancipati, tamdiu teneantur, do- nec de ipsis tibi, sicut ratio decreverit, liceat sententiare.	Illud etiam juri regio et honore conjungimus, ut si aliquis . . . . . de regno tuo contra te . . . . excesserit . . ipsum ex jure regiae dignitatis per sententiam curiae tuae bannire . . valens, ip- sumque extra legem facere omnis juris suffragio, prout est moris imperii carcerari. Ceterum . . . concedimus, ut si quis in regno tuo manifestus extiterit malefactor, tuo aut curiae tuae justo judicio condemnetur.

Interesse zu fesseln und so im Arelat eine feste und ergebene Stütze zu haben. Dabei treten dann im Verlaufe auch immer dieselben Erscheinungen zu Tage: die Schenkung bleibt gewöhnlich nur auf dem Pergament, der reelle Nutzen für den Belehnten ist gleich Null, zu der versprochenen Krönung kommt es überhaupt nicht, denn dem Kaiser selbst ist es mit der Schenkung nicht Ernst, oder seine Macht reicht nicht aus, dieselbe praktisch durchzuführen.

Dies Alles nehmen wir 1193 bei der Belehnung Richards I. wahr: dasselbe werden wir später noch öfter sehen; und dasselbe können wir auch bei unserer Urkunde annehmen. Wie Friedrich II. zu Basel versucht hatte, die geistlichen Fürsten des Arelats zu gewinnen, so musste er nun auch daran denken, einen der größeren Laienfürsten in sein Interesse zu ziehen, um der kaiserlichen Politik inmitten des gerade damals durch so viele fremde Einflüsse bewegten Landes einen Halt zu geben. Die Grafen von Toulouse, die bisher meist auf kaiserlicher Seite gestanden hatten, waren durch die Albigenser-Kriege geschwächt, von den übrigen weltlichen Herren aber war nun eben Wilhelm von Baux der Einzige, der dem neuen Herrscher näher trat. Die Herren von Baux waren in der Provence reich begütert, zugleich Vicomtes von Marseille; sie nannten sich seit einigen Jahrzehnten „principes von Orango" und standen an Macht nur den Grafen der Provence nach. Den Vertreter dieses bedeutenden Geschlechts, der nun in Metz an seinen Hof kam, musste doch Friedrich II. an sich zu fesseln versuchen; es war auch nicht gar so viel, wenn er ihm einen Theil seiner nominellen Macht abtrat, der doch nur ein Titel war. Huillard verwechselt den mächtigen Kaiser von 1231, der sich stolz rex Arelatensis nennt, mit dem schwachen, überall sich anlehnenden König von 1214. Man vergesse nicht, dass damals gerade in Metz ganz Holstein an Dänemark abgetreten wurde, ein viel reellerer Besitz; doch auch nur, um den Dänen auf die Seite des Schenkenden zu ziehen.

Praktische Folgen entsprangen weder für den Empfänger noch für den Aussteller des Diploms. Vielleicht hat Wilhelm gar nicht einmal für gut gehalten, dasselbe zu publiciren; es war nicht daran zu denken, dass die Erzbischöfe des Arelats, denen der König ja eben ihre vollständige Unabhängigkeit verbrieft hatte, oder gar die mächtigen Grafen von Provence oder von Vienne auf diese provisorische Urkunde hin den Herrn von Baux als ihren König anerkannt hätten. Ob sich letzterer sonst im Reichsinteresse thätig erwiese hat, können wir nicht verfolgen; in die Wirren des Ketzerkriegs verwickelt, erlitt er schon 1218 einen schrecklichen Tod,[1] bevor noch Friedrich II. bei seiner Krönung sein Versprechen erfüllen konnte. Es dem Nachfolger Wilhelms zu halten, hatte er weder die Macht, noch auch den rechten Willen: die Hoffnungen für die Stärkung seiner Herrschaft in Burgund, die er bei der Verleihung gehegt hatte, waren nicht erfüllt worden. — — —

Aus Hagenau haben wir die nächste Urkunde Friedrichs für Burgund,[2] die wir wohl noch zu der besprochenen Reihe zählen können. Der König zeigt darin seinen Getreuen im Arelat,[3] dem Grafen von Provence und seinen Baillifs, den Herren von Baux und allen anderen Baronen und Castellanen an, dass er Kirche und Erzbischof von Arles in seinen besondern Schutz genommen habe[4] und befiehlt, dass auch sie dieselben an seiner Stelle schützen und unterstützen sollten.

Mit dieser Reihe von Diplomen ist die Thätigkeit Friedrichs für Arelat auf lange Zeit zu Ende.[5] Seine urkundlichen Akte für Burgund aus den nächsten Jahren sind höchst gering; der König hat zu viel mit den deutschen und italienischen Angelegenheiten zu thun, als dass er sich specieller mit dem Nebenreiche beschäftigen konnte.

---

1) 1216 schloss W. bei der Erhebung der Provence zu Gunsten des von der Kirche verdammten Raim. VI. v. Toulouse mit diesem ein Bündniss (Hahn, Ketzergesch. I, 307); dann aber (1218) lobt ihn der Pabst, dass er seinen Legaten und Simon v. Montfort so kräftig gegen die Ketzer unterstützt hätte. Im Sommer 1218 wurde er dann von den ketzerischen Avinionesen gefangen und zerrissen. (Potthast 5670, 5888). L'art de vérifier X, 436.

2) 1215, 20. April, HB. I, 371.

3) In regno Arel. et in tota Provincia.

4) Cum Arel. eccl., in qua sedes et caput est regni Arel., diligere teneamur.

5) In diese Zeit muss auch der Aufenthalt des Bischofs von Antibes am kaiserl. Hofe fallen, von der wir nur durch eine Urk. (Jan. 1218) Gr. Raim.-Berengars v. Provence wissen. Letzterer hat vom Kloster St. Victor zu Marseille 3000 Sol. geliehen „quorum quos recepit B. Antipolitanus ep. in itinere, quod tunc erat facturus pro negociis nostris ad regem Fredericum in imperatorem Rom. electum (Chart. de St. Victor no. 906). So nennt sich Friedrich II. nur 1212; doch braucht man deshalb noch nicht die Reise des Bischofs in dies Jahr zu setzen. Jedenfalls sehen wir, dass auch der Gr. v. Provence schon zu Friedrich II. in Beziehungen trat.

Sehen wir uns kurz die Urkunden Friedrichs aus der nächsten Zeit an, so finden wir 1216[1]) die Bestätigung einer Schenkung, welche die Herren von Orange im 12ten Jahrhundert den Johannitern gemacht hatten, und eines Vertrages zwischen ihnen und Wilhelm von Baux. — Aus demselben Jahre[2]) ist die Confirmation der vom Erzbischof von Arles und den Bischöfen von Toulon und Avignon beglaubigten Urkunde, worin den Templern von den Herren von Baux, als Vicomtes von Marseille, erlaubt wird, in Marseille Schiffe zu bauen und nach Belieben zu benutzen. — Endlich von 1216 noch ein Schutzbrief für die Abtei Montmajour.[3])

1218 haben wir zwei Diplome für Nord-Burgund, die Friedrich II. im Elsass ausstellte: ein Befehl an das Kloster Luxeuil,[4]) dem von ihm investirten Abte Simon zu gehorchen, und eine Privileg-Bestätigung für Kloster Luders.[5]) — Dann erließ der König von Gelnhausen[6]) ein Verbot an alle Getreuen in Vienne, daselbst Zölle zu erheben ohne alte Privilegien, oder an anderen, als den herkömmlichen Orten, Zoll- und Münzstätten anzulegen. — Endlich wird das Regest einer verlorenen Urkunde für den Erzbischof von Arles erwähnt.[7])

1219 bestätigte Friedrich II. dem Aimar von Poitou, Grafen von Valentinois, ein seinem Vater von Friedrich I. 1178 verliehenes Zollrecht auf der Straße von Valence nach Montellier.[8]) — — —

1220 zog Friedrich nach Italien, um sich zum Kaiser krönen zu lassen. Seinem Sohne Heinrich übergab er die Verwaltung Deutschlands. Mit dieser Theilung war aber auch die Theilung des burgundischen Reiches verbunden, durch welche von nun an die Geschicke desselben wesentlich beeinflusst sind. Während das Reich Arelat-Vienne[9]) in die italienisch-sicilische Sphäre des Kaisers fällt und von demselben in die italienische Administration gezogen wird, bleibt

---

1) HB. I, 441.
2) Sept. Altenburg; Winkelmann Urk. 139.
3) Juli, Straßburg; Ficker Reg. 867.
4) Februar, Hagenau; Ficker 928.
5) März, Breisach; ibid. 930.
6) Juni 1218. Ibid. 938.
7) HB. I, 935.
8) Februar, Hagenau. Ibid. 973. Vgl. Stumpf act. ined. 374.
9) Als Grenze wird man im Wesentlichen den Rhône betrachten können.

Hoch-Burgund, und vor Allem die Pfalzgrafschaft, unter Heinrich (VII.),[1] der es, mit Ausnahme von Bisanz, sich selbst überlässt. Wir haben über die Zustände dieser Gebiete nach wie vor nur ganz lückenhafte Nachrichten; die Fehden zwischen dem Pfalzgrafen Otto und Stephan von Auxonne dauerten fort[2] und wurden von den Herzögen von Burgund genährt, ohne dass die Reichsgewalt eingriff, trotzdem die Rechte Bertolds von Zähringen nach seinem 1218 erfolgten Tode auf die Staufer übergegangen waren und Heinrich (VII.) sich als Erbe der burgundischen Länder (d. h. besonders der schweizerischen), wie die Zähringer „rector Burgundiae" nennt. — Ganz aus dem Rahmen des Reichs fällt allmählich Lyon heraus, für das wir nicht eine kaiserliche Urkunde mehr haben; dagegen finden wir deutliche Lehnsbeziehungen des Erzbischofs zu Frankreich.[3] —

So können wir unsere Untersuchung von jetzt an auf die Gebiete südlich und westlich vom Rhône beschränken: während die anderen Gebiete Burgunds sich mit der Zeit aus der Verbindung mit dem Reiche lösen, zeigt sich hier in den nächsten fünfundzwanzig Jahren ein energisches und planmäßiges Eingreifen des Kaisers und dadurch ein Wachsen der Reichsautorität, wie es sonst nie im Arelat zu beobachten gewesen ist. — — —

Aus den Jahren 1220 und 1221 haben wir keine kaiserliche Urkunde für Burgund; doch erfahren wir durch einen Brief des Pabstes Honorius III. an alle Bischöfe des Königreichs Arelat, dass Friedrich II. zur Zeit seiner Krönung mit einem neuen Plan in Betreff dieses Reichs umging. Der Pabst schreibt nämlich am 13. Dezember 1220:[4] „Friedrich II. regnum Arel. dilecto filio nobili viro Guill. marchioni Montisferrati commisit, qui, sicut coram nobis exposuit, regnum ipsum in fidelitate imperii et ecclesiae devotione desideret solidare. Daher fordere er sie auf, den Markgrafen mit Rath und That zu unterstützen, prout negotii sibi commissi promotio

---

1) Jedoch behielt sich Friedrich II. auch hier die Oberherrschaft vor; so hat er 1222 (Ficker 1424) 1225 (ibid. 1550) 1225 (HB. II, 487) 1231 (ibid. IV, 279) für Bisanz Urkunden erlassen, zum Theil Bestätigungen der Anordnungen seines Sohnes.

2) S. Winkelmann Otto IV, 454, 3.

3) Hüffer Lyon 81.

4) HB. II, 81.

videbitur postulare." In demselben Sinne schreibt Honorius an seinen Legaten, den Bischof von Porto, er möge dem Markgrafen Gehorsam verschaffen und ihm die Bischöfe von Die und Valence als Berather an die Seite geben.

Also wiederum ein Versuch des Kaisers, das Arelat unter einen ergebenen Herrn zu stellen, der es „in fidelitate imperii" befestigen sollte. Diesmal war seine Wahl auf keinen Großen des Arelats selbst gefallen, aber auf einen italienischen Nachbarn desselben, der seit langer Zeit im Dienste des Reichs Proben von seiner Treue und Brauchbarkeit abgelegt hatte. Schon 1212 hatte sich W i l h e l m v o n M o n t f e r r a t anf Friedrichs Seite gestellt und seinen kühnen Zug durch die Lombardei nach Deutschland wesentlich unterstützt. Seitdem hatte er die Sache des Königs in Italien gegen die lombardischen Städte vertheidigt und war zuletzt 1219 neben dem Bischof von Turin als Legat Friedrichs zur Vorbereitung des Römerzugs thätig. Es war also eine wohlverdiente Belohnung, wenn ihm der Kaiser nun nach seiner Krönung das Reich Arelat übergab. Leider fehlt uns sonst jede Nachricht, die uns weitern Aufschluss über den Charakter seines Amtes oder über seine Thätigkeit im Arelat geben könnte.[1]) Dass Wilhelm sein Amt in der That angetreten hat, lässt sich daraus entnehmen, dass er in den Urkunden Friedrichs vom Dezember 1220 bis zum Februar 1223 nicht unter den Zeugen erscheint; dann aber wieder öfter. In dieser Zeit mag er wohl im Arelat gewesen sein; damit stimmt es auch, dass sich aus dieser Zeit - - mit einer Ausnahme — keine Diplome des Kaisers für dies Reich finden: nun hatte man ja einen Statthalter desselben im Lande, an den man sich wenden konnte. Denn sowohl seinem Range gemäß, als auch dem Wortlaut des obigen Briefes nach wird man sich sein Amt als eine Statthalterschaft mit ziemlich selbstständigen Befugnissen zu denken haben, nicht als im Vicariat im Sinne der spätern Zeit; gewiss hat er auch nicht den Titel vicarius geführt.[2])

---

1) Dass Wilhelm, wie auch anfangs beabsichtigt (s. den Brief des Pabstes), auch Geschäfte der Curie versah, geht aus dem Regest Honorius' III. (P o t t h a s t 6757) hervor, nach welchem derselbe dem Dauphin d'Auvergne die ihm von Wilh. v. Montf. aus der päpstlichen Kasse für seinen Kreuzzug versprochenen 1000 Mark bestätigt.

2) Wie H u i l l a r d (Introd.) annimmt; B l a n c a r d (l. c.) dagegen meint richtiger, dass Wilhelm nicht das Vicariat, sondern das Königreich selbst erhalten hätte.

Ein Grund für Friedrich II., gerade Wilhelm in's Arelat zu schicken, war gewiss dessen nahe Verwandtschaft mit dem eben jetzt zu bedeutender Macht gelangenden Dauphin Guigues André, dessen Schwiegervater er war[1]), und dessen Schwiegersohn sein Bruder Demetrius war. Zur Grafschaft Vienne muss Wilhelm auch schon früher in Beziehung gestanden haben, denn Friedrich II. verlieh ihm einen beliebig daselbst zu erhebenden Zoll, den er dann seiner Tochter Beatrix zur Mitgift gab, als sie 1219 den Dauphin heirathete. [2])

1223[3]) finden wir Wilhelm schon wieder in Italien, von wo er dann, nachdem er an den Kaiser seine Güter verpfändet hat, zur Unterstützung seines Bruders Demetrius, des Königs von Thessalonich, nach Griechenland geht und hier 1225 stirbt. — — — — —

Seine Erfolge als Vicekönig im Arelat mögen wohl nicht bedeutend gewesen sein; es dauert nun sehr lange, bis Friedrich II. wieder einen Beamten dorthin schickt; für jetzt nahm er die burgundischen Angelegenheiten wieder selbst in die Hand; das zeigen die jetzt häufiger werdenden Urkunden. Auffallend aber ist es, wie sich sein Interesse hauptsächlich auf die Provence beschränkt; denn alle Diplome der nächsten zehn Jahre betreffen fast nur provençalische Große; die des Nordens treten dagegen ganz zurück.

Aus dem Jahre 1222 haben wir[4]) eine Urkunde für den Bischof Peter von Marseille,[5]) dem der Kaiser die Schenkungen seines Großvaters von 1164[6]) und alle Besitzungen und Privilegien bestätigt. Es war seit jener Zeit wieder das erste Mal, dass diese reiche und mächtige Stadt in eine Verbindung mit dem deutschen Kaiser trat; den Bischof bewog wohl am meisten die Besorgniss vor der immer

---

1) S. HB. V, 179; nach L'art de vérifier (X. 453), der die „Biographie universelle" folgt, ist fälschlich die Tochter des Bonifaz (le Géant) v. Montferrat die Frau des Dauphins.

2) HB. Introd. 251 und V. 179. Huillard sagt, Friedrich II. hätte Wilhelm den Zoll bei Gelegenheit seiner Statthalterschaft verliehen; dies ist doch nicht möglich: denn 1219 gab er ihn schon seiner Tochter (wie Huillard selbst angiebt); Statthalter aber wird er doch erst 1220.

3) Oder schon 1222 (s. HB. II, 241, n. 1.)

4) Außer einer unbedeutenden Schutzurk. für S. Stephan zu Bisanz. Ficker 1424.

5) Mai, Cosenza. HB. II, 249.

6) Stumpf 4013.

mehr aufstrebenden Bürgerschaft, sich enger an Friedrich II. anzuschließen. Den Vicecomitat, früher die zweite Gewalt neben dem Bischof in der Stadt, hatte die Commune, seit langer Zeit unter Rektoren trefflich organisirt, halb durch Kauf, halb durch Gewalt beseitigt: so ward die untere Stadt (civitas vicecomitalis) „durch unsere Ueberlegung und Thätigkeit befreit", wie die Bürger sich rühmten.[1]) Auch die civitas episcopalis hatte sich 1219 empört und nur mit Mühe konnte sie der Bischof niederwerfen. Mit der Vicomtal-Stadt aber musste er 1219 einen Vertrag schließen, worin sich beide Parteien ihre selbstständige Handelsfreiheit und Gerichtsbarkeit (nisi in spiritualibus) zusichern und des Genauern ihr Verhältniss zu einander feststellen. Dieses Abkommen ließ sich dann Bischof Peter vom Kaiser bestätigen, als er ihn 1223 w i e d e r in Capua besuchte.[2]) Es ist dieser Akt nicht unwichtig, indem es das erste Mal ist, dass der Kaiser eine freie und ganz unabhängige Commune Burgunds als rechtliche Institution anerkennt.

Im Mai desselben Jahres erhielt die Aebtissin von St. Caesar und St. Johann in Arles eine Urkunde,[3]) worin alle Besitzungen des Klosters aufgezählt und bestätigt werden; ebenso der Abt Peter von Montmajour.[4]) Letzterer erhielt auch ein Schreiben,[5]) das uns zeigt, dass der alte Streit des Klosters mit Wilhelm von Sabran, der sich jetzt Graf von Forcalquier nannte,[6]) über den Besitz der Burg Pertuis noch immer nicht beendigt war. Friedrich II. befiehlt nämlich darin dem Erzbischof von Arles und dem Bischof von Cavaillon, sie mögen Wilhelm hindern, trotz seines Eides, die Rechte von Montmajour anzugreifen. Und ebenso, wie sein Vorgänger

---

1) Vgl. Séranon les villes consulaires et les répubi. de Prov. en moyen age, 70 ff. Fabre Hist. de Prov. II, 27 und 90 ff. Papon l. c. III, 480 bis 570 u. A. m., wo ausführlich über die wichtigen und interessanten Verhältnisse der prov. Communen gesprochen wird, auf die speciell einzugehen uns hier zu weit führen würde.

2) Februar; HB. II, 299.

3) Cotrone, 1223. HB. II, 367.

4) Cotrone, Mai. HB. II, 369.

5) Maida, 23. Mai, HB. II, 373.

6) Nach dem Tode des letzten Grafen von Forcalquier (1208) hatte Wilhelm neben dem Gr. v. Prov. Erbansprüche erhoben. Letzterer bewilligte ihm auch 1220 einen kleinen Theil des Erbes und das Recht, sich ebenfalls Gr. v. Forcalquier zu nennen. L'art de vérifier X, 431.

Otto IV. muss auch Friedrich dies Verbot öfters wiederholen; so schon 1224 in einem Brief an dieselben,[1]) worin ihnen befohlen wird, gegen Wilhelm gewaltsam vorzugehen, der das reichsunmittelbare Kloster[2]) zu schädigen wage. Die nächste Urkunde des Kaisers in dieser Sache, worin Wilhelm in die Reichsacht erklärt wird, hält Ficker mit Recht für unecht.[3]) Jedenfalls haben auch diese Erlasse nichts gefruchtet; Wilhelm hielt seine Ansprüche aufrecht und führt so 1229 in der Lehnshulde, die er dem Grafen von Provence leistete,[4]) die homines de Pertusio als seine Unterthanen auf, woraus man sehen kann, wie gering noch die Autorität des Kaisers im Arelat war. — — — —

Von 1224 ist noch ein Diplom[5]) zu erwähnen, eine abermalige Privilegien-Bestätigung für Kloster St. Caesar zu Arles.

Mit dem Jahre 1225 tritt Friedrich II. schon mehr in die politischen Verhältnisse des Arelats ein. Im März schickte der Erzbischof Hugo von Arles seinen Archidiakon und den Bischof von Orange zum Kaiser nach Palermo, um eine neue und umfassende Confirmation seiner Rechte einzuholen.

Hugo von Arles war eine der wenigen kräftigen Stützen der Rechte des Reiches inmitten der anarchischen Bestrebungen aller arelatischen Gewalten. Er verstand es trefflich, durch die ihm vom Kaiser verliehenen Befugnisse seine eigene Autorität zu heben und umgekehrt auch seine hohe kirchliche Stellung im Interesse des Reichs zur Geltung zu bringen. Immer sehen wir ihn bestrebt, in seiner Provinz Frieden und Eintracht herzustellen, was den Ansprüchen des Pabstes und seiner Legaten, wie den heftigeren der Commune Arles gegenüber nicht leicht war. Letztere strebte bei ihrem immer zunehmenden Verkehr und Reichthum, ebenso wie Marseille und Avignon, nach uneingeschränkter Selbstverwaltung; vor Kurzem hatte sie, unzufrieden mit ihren Consuln, das Institut der Podestas eingeführt, deren erster, Isnard d'Entrevenes, Herr von Agoult, 1220

----

1) 6. April, Catania. HB. II, 430.

2) Quod illud tanquam ad nos et imperium nullo mediante in temporalibus pertinet.

3) 14. Nov. Cremona (?) HB. II, 464. Ficker 1544.

4) 26. Jan. Aix. Papon l. c. III, pr. 3.

5) Juni, Catania. HB. II, 434.

vom Erzbischof im Namen des Kaisers vereidigt worden war. [1]) Doch auch dies neue Amt befriedigte auf die Dauer nicht, da es bald in Abhängigkeit vom Erzbischof gerieth; [2]) aus welchem Grunde dann später unter Hugos Nachfolger der Volksaufstand losbrach.

Dem Kaiser musste viel daran liegen, diesen mächtigen Prälaten durch Gunstbezeigungen an sich zu fesseln. So bestätigte er ihm nicht nur die Privilegien, die Friedrich I. bei seiner Krönung 1178 [3]) dem Erzbischof, er selbst 1214 [4]) demselben verliehen hatte, sondern gab ihm noch wichtige neue.

Einmal erlaubte er Jedem (cuilibet de imperio), der Kirche von Arles nach Belieben Güter zu schenken oder zu vermachen, ohne dass Jemand dies verhindern dürfte. [5]) Dies bezog sich auf das Streben der Commune von Arles, die Schenkungen von Grundstücken in der Stadt, besonders durch Testamente, an die Kirche, durch welche letztere mit der Zeit eine gefährliche Macht erhalten musste, zu beschränken. [6]) — Wichtiger war die Erlaubniss, die Hugo in einem vierten Diplom [7]) erhielt, fünf Jahre hindurch bei seiner Burg Salon oder, bei Verlegung der öffentlichen Straße, an einem andern beliebigen Orte, dann auch auf dem Rhône bei Arles, bestimmte Abgaben von den Kaufleuten zu erheben. Der Erzbischof motivirte die Bitte um diesen Zoll mit der Armuth seiner Kirche, welche sowohl die Angriffe ihrer Feinde, als auch die Kosten, welche die Bewachung der Feste Salon verursachte, herbeigeführt hätten. [8]) Die Burg Salon, wegen ihrer Stärke von höchster Bedeutung, ging nämlich vom Reiche zu Lehen; [9]) in einem besondern Briefe [10]) verbietet der Kaiser deshalb bei Strafe dem Erzbischof, dieselbe ohne seine Erlaubniss zu vertauschen oder einem Andern zu übertragen.

---

1) Papon III, 511; Fabre II, 102. Erst mit dem zweiten Podesta Torello de Strata (1222) bürgerte sich die Sitte ein, den Podesta aus Italien zu nehmen.

2) Papon III, 508 ff.

3) Palermo, März. HB. II, 473 (Vgl. St. 4256).

4) HB. II, 475.

5) HB. II, 476.

6) Vgl. Anibert l. c. III, 55 — 57.

7) Winkelmann Urk. 270.

8) Wohl auch noch mehr die häufigen und drückenden Kreuzzugssteuern.

9) Ebenso wie die gleich wichtigen Burgen Pipet in Vienne, Quintum in Die.

10) HB. II, 476.

Auch der Bischof von Orange erhielt, wie Hugo von Arles, das Privileg, Schenkungen und Vermachungen annehmen zu dürfen „non obstantibus prohibitione seu statuto alicujus civitatis vel alicujus personae. [1])

Durch den Erzbischof von Arles wurde Friedrich II. auch wohl zu dem Briefe veranlasst, den er in diesem Monat[2]) an Raimund von Toulouse bezüglich der Veräußerungen von Reichsgebiet richtete; wir kommen darauf noch unten zurück.

Das Jahr 1225 brachte dann neue Verwickelungen mit der Commune von Marseille, deren Entstehung uns der Brief des Kaisers an den Grafen von Provence vom Mai 1225 mittheilt.[3]) Die Bürger von Marseille hatten trotz des Vertrags von 1219 nicht aufgehört, sich Jurisdictions- und andere Rechte anzumaßen und den Bischof zu schädigen; auch die Bischofsstadt hatte sich dem Widerstande der villa vicecomitalis angeschlossen, um die Herrschaft des Bischofs abzuschütteln. Friedrich II., hiervon benachrichtigt, schrieb an die Erzbischöfe von Arles und Aix, sie sollten kraft kaiserlicher Autorität die universitas von Marseille zur Restitution und zum Schadenersatz für den Bischof bewegen und nöthigenfalls über sie die Reichsacht verhängen. Jetzt im Mai kam der Bischof Peter wiederum zum Kaiser und berichtete, dass der Erzbischof von Arles in der That über die hartnäckige Stadt die Reichsacht ausgesprochen habe. Deshalb befahl nun Friedrich II. dem Grafen von Provence, die Bürger von Marseille als Feinde des Reichs zu Wasser und zu Lande zu verfolgen und zu bekriegen, ungeachtet früherer Verträge, die er mit ihnen abgeschlossen hätte. Dasselbe gebot der Kaiser auch dem Podesta und der Stadt Arles.[4]) Letztere lag damals schon mit Marseille im Kriege, wogegen der Graf von Provence kurz vorher zwei Allianz-Verträge[5]) mit der Marseiller Commune abgeschlossen hatte, auf welche auch der Brief des Kaisers anspielt.

Friedrich II. selbst war jetzt gewillt, dem Bischof von Marseille,

---

1) HB. II, 472.

2) März. HB. II, 477.

3) 22. März, Foggia HB. II, 484. Alles was Méry et Guindon (hist. de la commune de M. I, 138) über diesen Streit mit dem Kaiser sagen, entbehrt der Begründung und scheint ganz falsch zu sein.

4) Foggia, 22. Mai; HB. II. 486.

5) Méry et Guindon l. c. I, 302 und 310.

— dem er wiederum seine alten Rechte bestätigt,[1]) — zu helfen; energisch ging er gegen die störrische Stadt vor, nahm zwei angesehene Bürger, Petrus de St. Jacobo und Guill. Vivaldus, die sich zum Kreuzzug anschickten, gefangen, und hielt sie in Gewahrsam. Indess hatte sich aber Bischof Peter mit der Commune geeinigt; dieselbe hatte ihm Schadenersatz und Gehorsam versprochen und war dann von der Excommunication befreit worden. Jetzt bemühten sich beide Parteien, wie auch der päbstliche Legat beim Pabste, er möchte den Kaiser nun auch zum Widerrufe der Reichsacht bewegen, woraus wir schließen können, dass dieselbe diesmal in wirksamer Weise gehandhabt wurde. Honorius schrieb im Februar 1227 in diesem Sinne an den Kaiser.[2]) Vorher schon hatte der Podesta Ugolinus von Marseille mit Graf Thomas von Savoien, dem kaiserlichen Vicar in der Lombardei, zu demselben Zwecke einen Vertrag[3]) geschlossen, worin Thomas für 3000 Mark sich anheischig macht, beim Kaiser, wenn dieser ihn mit dem Ausgleich zwischen ihm und der Stadt betrauen würde, Aufhebung der Acht, Herausgabe der Gefangenen und noch außerdem bedeutende Privilegien zu erwirken: vor Allem volle Jurisdiction auch in der Bischofsstadt, kaiserlichen Schutz und große Vorrechte im Orient. Der deutliche Wortlaut[4]) aber dieses Vertrages sagt, dass Thomas nicht, wie Huillard annimmt, im Auftrage Friedrichs II. handelte, sondern nach eigenem Ermessen, vielleicht um sich mit der mächtigen Nachbar-Commune auf guten Fuß zu stellen; er konnte wissen, dass der Kaiser auf obige Bedingungen nicht eingehen würde.

Huillard[5]) wirft nun die Frage auf, ob Thomas nur für diesen speciellen Fall Vollmacht hatte (von der aber in der Urkunde nichts zu sehen ist), oder ob er kraft einer kaiserlichen General-Delegation handelte, die sich auch über Arelat erstreckte. Er neigt sich zu letzterer Annahme und führt dafür den Titel des Grafen von 1227[6])

---

1) Foggia, Mai 1225; HB. II, 483.

2) 21. Februar HB. II, 714.

3) Albenga (bei Genua), 8. Nov. 1226. HB. II, 686.

4) Si imperator commisit mihi partes suas in sopienda discordia ipsius imp. et commuis Massiliae ..... Dann: die Gefangenen werden nicht befreit, si imp. nollet confirmare dictum privilegium et predicta omnia.

5) Introduct. 256, 2.

6) 5. Mai 1227; ibid.

an: Vicarius et legatus Friderici per totam Italiam et per marchiam
de Tregusio et specialiter Saonae et Albenganae;[1] wenn er nun
richtig fortfährt, dass also seine Vollmacht sich officiell bis zur
Provence erstreckte, so ist doch damit nicht seine obige Ansicht erwiesen. Es ist natürlich, dass Thomas mit seinen arelatischen Nachbarn in Berührung kam — in Savona mit Marseille, in Savoien
mit dem Dauphin,[2] — daraus aber auf irgend eine kaiserliche
Vollmacht im Arelat schließen zu wollen, ist unzulässig, da hierfür
durchaus keine Belege vorhanden sind. — — —

Trotz der 1227 vom Pabste in seinem Briefe gemeldeten Einigung des Bischofs von Marseille mit der Commune, müssen doch
die Streitigkeiten nicht aufgehört haben; denn die definitive Beilegung derselben wurde erst Anfang 1229 von dem neuen Bischof
Benno herbeigeführt.[3] Dass sich die Stadt auch noch immer in
der Reichsacht befand, sehen wir aus dem Privileg, das Friedrich II.
zu Akkon[4] den Bewohnern von Montpellier gab; diese, welche
sonst auf Schiffen der Marseiller nach Palästina zu fahren pflegten,
jetzt aber, quia dicti Massilienses in banno nostro existunt ad presens
nec audent (sc. Montispessulani homines) propter hoc navigare cum
ipsis, sich anderer Schiffe bedienten, sollten trotzdem nicht mehr
Hafenzoll wie früher in Akkon zu entrichten brauchen. Hieraus
sehen wir einmal, wie großer Vortheile sich die Marseiller erfreuten,
indem durch ihr Privileg, einen ermäßigten Hafenzoll zu zahlen,
sich viele Nicht-Marseiller bewogen fühlten, auf Marseiller Schiffen
hinüber zu fahren; dann aber auch, wie enorm die materielle Einbuße
war, die sie erlitten, als durch die Reichsacht jenes Privileg aufgehoben wurde und Niemand auf ihren Schiffen zu fahren wagte.[5]

Vom April 1226 haben wir ein Diplom[6] für den Erzbischof

---

1) Vgl. Ficker Forschungen §. 285, 14 - 21.

2) Vgl. Wurstemberger Peter von Savoien IV, Urk. 70.

3) 1229, 1. Januar Mery l. c. I, 412. Peter v. Marseille wird noch
am 1. Dezember 1228 als lebend erwähnt, Cartul. de S. Victor no. 924, 3.

4) April, 1229. Winkelmann 302.

5) Es ist auffallend, dass, trotz der Reichsacht, 1228, 1. Dez. (Cartul.
de S. Victor 924, 3) nach der Regierung Friedrichs II. datirt wird, während
dieselbe Urk. 1224 zweimal ohne diese Angabe erscheint. — Nach Friedrichs II. Rückkehr wurde wohl die Acht aufgehoben, denn 1232 ist die
Stadt nicht mehr gebannt (s. u.).

6) Ravenna. HB. II, 560.

von Tarentaise, worin ihm Friedrich II. die Schenkungen seines
Großvaters und Vaters bestätigt und hinzufügt, dass der Besitz des
verstorbenen Erzbischofs seinem Nachfolger aufbewahrt würde und
dass kein Graf oder Jemand anders occasione regalium, nostra vel
alicujus alterius auctoritate angreifen dürfte, was der Kaiser dem
Erzbischof gewährt habe. Mit dem Grafen ist jedenfalls der von
Savoien gemeint, welcher ja von jeher und jetzt als Beamter des
Kaisers (nostra auctoritate) noch mehr wie früher sich das Dominium über die Kirche von Tarentaise anmaßte, und gegen den dieselbe nun beim Kaiser Schutz fand. — — — — — — — — —

Am 12. September 1226 wurde die Stadt Avignon von dem
Kreuzheere, das unter der Führung König Ludwigs VIII. von Frankreich und des päbstlichen Legaten Romanus von St. Angelo drei
Monate lang die Stadt belagert hatte, eingenommen. Bezeichnet
dieses Ereigniss — durch die Größe des Heeres, durch die bedeutenden Folgen, vor Allem durch das erstmalige feste Eingreifen des
mit dem Pabste verbündeten Königs von Frankreich — den Gipfel
des schon zwanzig Jahre wüthenden Albigenser-Kriegs, so ist es
auch zugleich der Höhepunkt aller Gebiets-Verletzungen, denen das
Arelat im Verlauf des Kriegs durch fremde Gewalten ausgesetzt
war; hatte die Reichsgewalt die früheren übersehen, so musste sie
doch einem so flagranten Eingriffe in die Hoheit des Reichs gegenüber Stellung nehmen. Sehen wir nun, wie Friedrich II. sich in
dieser Sache verhielt, so wird hier der Ort sein, den Einfluss der
Albigenser-Kriege überhaupt auf das Arelat und die gegenseitigen
Beziehungen der Hauptdarsteller dieser großen Tragödie zum deutschen Kaiser kurz zu kennzeichnen. Wir sahen oben, wie Innocenz III.
Kaiser Otto IV. 1209 zu einem Kreuzzug gegen die Albigenser
drängte und wie Ottos Weigerung zum Bruch mit dem Pabste führte.
An Friedrich II. ist diese Zumuthung niemals gestellt; bei seiner
religiösen Indifferenz war eine thätige Hilfe im Ketzerkrieg von ihm
nicht zu hoffen: hielt es doch schwer genug, ihn zu dem Zug nach
dem heiligen Lande zu bewegen. So wandte er sich wohl auch in
einigen Edikten gegen die Ketzer, welche sich im Arelat in so
großer Zahl, besonders an den Rhôneufern der Provence, ausgebreitet
hatten, aber ihre gewaltsame Unterdrückung überließ er den Fürsten
des Landes und den päbstlichen Legaten. Seine Stellung musste
sich aber ändern, je mehr im Laufe des Kampfes dessen religiöse
Bedeutung zurücktrat im Vergleich zu seiner politischen, je tiefer

der Graf von Toulouse, den wir immer auf Seiten des Reichs sahen und sehen werden, gedemüthigt wurde und dem gegenüber das von Philipp II. August gekräftigte Frankreich an seinen Platz und so in eine beherrschende Machtstellung in Languedoc zu treten versuchte. Ebenso musste auch die jeweilige Politik, die Friedrich II. gegen die Curie verfolgte, den Grad der Bereitwilligkeit bestimmen, mit der der Kaiser den weitgehenden und einschneidenden Plänen, welche die Kirche in Südfrankreich verfolgte, entgegenkam; mit der weitern Ausbreitung und Selbstständigkeit seiner Macht, mit der zunehmenden Spannung zwischen ihm und dem Pabste musste Friedrich auch dahin kommen, der Occupation und freien Verfügung über Reichsland, wie sie im Arelat von der Kirche ausgeübt wurde, entgegenzutreten oder doch seine Souveränetät dabei zu wahren.

Das Lateran-Concil hatte 1215 Folgendes über den Besitz eroberten Ketzerlandes bestimmt:[1]) .... „Pontifex terram exponat catholicis occupandam, qui eam exterminatis hereticis sine ulla contradictione possideant et in fidei puritate conservent; salvo jure domini principalis, dummodo super hoc ipse nullum praestet obstaculum nec aliquid impedimentum opponat." Auf diese Worte gründete sich das Besitzrecht des Kreuzheeres an Ketzerland und sie macht auch später Gregor IX. den Beschwerden des Kaisers gegenüber geltend.[2]) Aber wie undeutlich und dehnbar zugleich ist diese Bestimmung, wie sehr griff sie in die Hoheitsrechte des Reichs ein! Wie leicht war ein obstaculum auf Seiten des dominus principalis gefunden und damit die ohnehin nichtssagende Formel salvo jure umgangen! Schließlich hielt man sich auch nicht einmal an diese Bestimmung; denn wenn 1215 dem Grafen von Toulouse seine linksrhônischen Besitzungen genommen und seinem jungen Sohne verliehen werden sollten, so griff doch dies in die Rechte seines Oberlehnsherrn ein; noch mehr, dass Simon von Montfort mit der Grafschaft Toulouse auch zugleich das reichslehnbare Viviers erhielt.[3])

Allerdings kam es vorläufig noch im Arelat zu keiner Occupation durch die Kirche. Die mächtigen Communen, schon lange von der Ketzerei angesteckt, waren es, welche die ihrer Länder

---

1) Hahn Ketzergesch. im Mittelalter I, 293.
2) HB. III, 249; s. u.
3) Vgl. Potthast Reg. 5658.

beraubten Grafen von Toulouse bei ihrer Rükkehr von Rom (1216)
enthusiastisch empfingen und ihnen bereitwillig ihre Hilfe versprachen; besonders Avignon beeiferte sich, ihnen seine Ergebenheit zu
erweisen und alle seine Kräfte zu Gebote zu stellen. In dem nun
von Neuem ausbrechenden Kampfe wurde denn auch das linksrhönische Gebiet mehr, wie vorher, in Mitleidenschaft gezogen;[1] Wilhelm von Baux und andere Große griffen mit ein; die alte Rivalität
zwischen ihnen und den Communen fand in der Ketzerei willkommenen
Vorwand.[2] Aimar von Valence, der zuerst auf Seiten Raimunds VI.
stand, wurde von Simon von Montfort, der mit 100 französischen
Rittern über die Rhône setzte und die Besitzungen Aimars auf
Reichsgebiet angriff, zur Unterwerfung gezwungen.

Gefährlicher für das Reich wurde der Krieg, als Ludwig VIII.
von Frankreich in den Besitz Simon von Montforts in der Lauguedoc
kam[3] und sich dann zu einem großen Kreuzzug anschickte. Bei
den verschiedenen Meinungen, die darüber herrschen, ob Ludwig
1226 die Avinionesen mit Absicht zum Widerstande gereizt habe,
ist nicht zu übersehen, dass schon 1224 die Eventualität, das Reichsgebiet anzugreifen, in's Auge gefasst war. In dem Vertrag mit dem
Pabste bat Ludwig VIII. denselben[4] „beim Kaiser durchzusetzen,
dass dieser ein Eingreifen seiner arelatischen Unterthanen zum Schaden
des Kreuzheeres verhindere; würden jene aber dennoch dem Heere
schaden, so sollte sie der König mit Zustimmung des Kaisers angreifen dürfen, unbeschadet der kaiserlichen Rechte." So suchte
sich Ludwig das formelle Recht zu verschaffen, seinen Kreuzzug
auf das Reichsgebiet auszudehnen, denn ein Vorwand zum Angriff
war bald gefunden. Wir wissen nicht, ob der Pabst im Sinne Ludwigs mit dem Kaiser verhandelt hat; jedenfalls kam der Kreuzzugs-Vertrag nicht zum Abschluss, da wieder neue Verhandlungen mit
Raimund VII.[5] angeknüpft wurden; die Curie erreichte es, dass
dieser auf dem Concil zu Montpellier (August 1224) schwur, Alles

---

1) Vgl. Vaissète l. c. T. 298.

2) Vgl. Potthast 5670.

3) Und damit auch in den Besitz von Viviers, wo schon vorher der
König von Frankreich immer mehr seine Macht ausbreitete. Vgl. Delisle
Catalogue de Philippe Aug. n. 1933 vom Jahre 1219.

4) Vaissète III, pr. 293.

5) Der 1222 seinem Vater gefolgt war.

zu thun, was man von ihm verlangen würde, um endlich den Kirchen-
frieden zu erhalten.

Zwischen dies Concil und das nächste, welches die Sache entscheiden sollte, fällt nun die oben schon erwähnte Urkunde Friedrichs II., sein erster Akt in dem Albigenser-Kriege, worin er dem
Grafen von Toulouse verbot, Besitzungen, die er vom Reiche zu
Lehen trage, zum Schaden desselben zu veräußern, und ihn auffor-
derte, die schon veräußerten wieder an sich zu bringen.[1]) Man
kann über die Bedeutung dieses Briefes zweifelhaft sein, der uns
so ohne Zusammenhang erhalten ist. Es ist möglich, dass Raimund VII., um sich in seinem Kampfe Freunde zu erwerben,
reichslehnbare Güter verschenkt hat. Wahrscheinlicher aber ist es
doch, dass Friedrich II., nachdem der Graf sich in Montpellier zu
allen Abtretungen bereit erklärt hatte, und die Gefahr nahe lag,
dass seine linksrhönischen Gebiete nun einem andern, dem Pabste
und Frankreich genehmen, Besitzer zufallen würden, durch seinen
Brief zuvorkommen, Raimund vor zu grosser Nachgiebigkeit warnen
und für die Entscheidung der Frage sein Einspruchsrecht wahren
wollte.

Indess sollte es nicht zu einer friedlichen Beilegung des Streits
kommen, da sie nicht im Plane des Pabstes und Ludwigs VIII. lag.
Raimund wurde abgewiesen und der König von Frankreich mit der
Führung des neuen Kreuzzugs betraut. Bald zeigte es sich immer
deutlicher, dass Avignon das Ziel des Zuges sein sollte, diese verhasste Stadt, die nun schon zehn Jahre im Kirchenbann war, von
der die neue Erhebung Raimunds VI. (1217) ausgegangen war und
die nun für alles dies und besonders für den Mord Wilhelms von
Baux die verdiente Züchtigung empfangen sollte. Im Januar[2]) erließ
der päpstliche Legat Romanus von Paris ein Manifest an die Avinionesen, worin er sie auffordert, dem Könige gegen Raimund VII. zu
helfen und demselben 6000 Mark zu zahlen. Ihre Consuln dürften
sie nur mit Zustimmung des Bischofs wählen „salvo jure comitis
Provinciae, qui nobiscum in hoc negotio personaliter laboravit,“ und
keine anderen Zölle erheben, als die ihnen von den Kaisern verliehenen. Ihre Mauern sollten sie niederreißen und nicht erneuern

---

1) Palermo, 31. März 1225. HB. II, 477 „nec de cetero ex eis aliquid
absque consensu nostro et imperii donare seu alienare praesumas“.

2) Januar 1226. Fantoni-Castrucci Storia della civ. d'Avign. II, 96.

dürfen, nisi de licentia nostra et Regis Franciae; ihre Kriegsmaschinen sollten sie dem König ausliefern. Was wollte bei solchen
Bedingungen die Formel „salvo jure ecclesiarum, imperatoris et
aliorum catholicorum"[1]) sagen! Schon im Voraus benahm sich
Ludwig VIII. als Herr des zu erobernden Gebiets. Es konnte nicht
fehlen, dass, von solchen Drohungen erschreckt, nicht nur eine Menge
von provençalischen Großen schon jetzt den König als Lehnsherrn
anerkannten,[2]) sondern auch die Avinionesen ¡wiederholt Gesandte
an ihn schickten und sich zur Buße und Unterwerfung bereit erklärten.

Trotzdem zog Ludwig im Frühjahr 1226, nachdem das Heer
in Lyon versammelt war, längs des Rhône, immer durch Reichsgebiet[3]) direkt auf Avignon. Raimund VII. zog sich zurück, nachdem er das Venaissin[4]) und sein ganzes linksrhônisches Gebiet noch
am 27. Mai der Commune von Avignon verpfändet hatte.[5]) Anfang
Juni langte das Kreuzheer vor der Stadt an; es gelang den Führern
bald, durch ihre Zumuthungen die Stadt zum Widerstande zu bringen und so den Vorwand zur Belagerung zu finden,[6]) die am
8. Juni begann.

Nach solchen eigenmächtigen Vorgehen fühlte man aber das
Bedürfniss, sich beim Kaiser zu entschuldigen und durch leere Beschwichtigung seine Zustimmung bei weiterem Vorgehen zu erlangen.
Am 13. Juni gingen die Bischöfe von Beauvais und Cambrai und
der Abt von St. Denis mit Briefen des Königs, des Legaten und
der im Kreuzheere befindlichen französischen Großen zu Friedrich II.
Der letzte ist uns erhalten.[7]) In ihm wird zuerst der Hergang des
Streits mit den Avinionesen erzählt, denen natürlich die ganze Schuld
beigemessen wird;[8]) sie werden als heretici und hereticorum fautores

---

1) Vaissète III, 310.

2) Ibid. III, pr. 174.

3) Wie auch schon 1215; s. Hüffer Lyon 79 f.

4) D. i. das Land im nördlichen Winkel des Rhône und der Durance,
worin auch Avignon lag.

5) Teulet Layettes du trésor des chartes II, 83.

6) Vgl. Hahn l. c. I, 349 f.

7) 1226 Juni. HB. II, 612 und 614, 1.

8) Ganz entgegengesetzt der Bericht bei Matthaeus Paris (ed. Wats
280—82). Dort antworten die Bürger: quod nullo modo se redderent, ut
sub Francorum viverent potestate, quorum multoties experti fuerunt superbiam et insolentiae feritatem.

hingestellt. Dann bittet man den Kaiser „keiner Verleumdung über
den Zweck der Belagerung Gehör zu schenken: man würde immer
sein Recht heilig halten, da man es weder verletzen wolle noch
dürfe." Vermuthlich hatte man also Kenntniss von einer Ansicht an
Friedrichs Hofe, die dem Vorgehen der Franzosen entgegentreten
wollte. Doch dazu kam es nicht; neue heftige Verwicklungen mit
dem Pabste beschäftigten Friedrich in diesem Sommer zu ausschließlich; auch durfte er bei seiner damaligen Lage den Pabst
nicht durch feindliches Vorgehen gegen den Legaten und Ludwig VIII. reizen.

So konnte denn der Letztere seine Gewalt weiter ausbreiten, indem er während der langwierigen Belagerung die kleineren Herren
und Städte Süd-Frankreichs an sich zog. Vor Allem wichtig aber
war der Vertrag, den er mit dem jungen Grafen der Provence zu
gegenseitiger Unterstützung abschloss.[1]) Raimund-Berengar IV. versprach, dem König gegen den Grafen von Toulouse in der Provence
(citra Rhodanum) zu helfen und auch das Land zu vertheidigen,
„das der König vicinam fluvio Rhodani besitzen wird salvo honore
et fidelitate imperatoriae majestatis." Furcht vor der Gewalt des
Königs und die alte Eifersucht auf den provençalischen Rivalen
mögen gleich viel zu diesem Vertrage gewirkt haben;[2]) von langer
Dauer konnte er jedoch nicht sein.

Denn als nun nach der endlichen Einnahme von Avignon Ludwig
wig VIII. im Triumphe abzog, übernahm der Legat die Verwaltung
des Landes,[3]) setzte in der Stadt einen neuen Bischof ein, legte
Contributionen und Geißeln auf, führte neue Gesetze ein,[4]) kurz,
benahm sich ganz als Souverän; unter dem Vorwand, die Ketzerei
bis auf den Grund auszurotten, nahm er allein die Regierung in die
Hand und beachtete die Rechte seines Alliirten, des Grafen von
Provence, wenig.

So kam es, dass dieser sich damals dem Kaiser näherte, der
gleiche Beschwerde gegen den Legaten zu führen hatte und bereit-

---

1) 1226, Juni, Avignon. Martene Ampl. collect I., 1204.

2) Der übrigens schon früher stipulirt sein muss, s. S. 63 unten.

3) Gemäß den ihm vom Pabst eingeräumten unbeschränkten Befugnissen im Ketzerlande. S. Teulet l. c. p. 48.

4) Gesta Ludovici VIII.: legatus inducit in eam multas bonas et lau-
dabiles constitutiones.

willig die Gelegenheit ergriff, sich in Raimund-Berengar eine neue
Stütze in der Provence zu schaffen. Es war nicht schwer, ihn zu
gewinnen: Friedrich II. brauchte nur dem Grafen in seinem Kampfe
gegen die Communen, auf welche — besonders auf Marseille und
Nizza — er Rechte zu haben behauptete,[1]) freie Hand zu lassen.
In diesem Sinne gab ihm nun der Kaiser im October 1226 die
folgenden Privilegien:[2]) Zuerst bestätigte er ihm die Grafschaften
Provence und Forcalquier und alle von seinen Vorfahren verliehenen
Rechte und gab ihm Vollmacht, die weggegebenen zu widerrufen.
Dies wird in den anderen beiden Diplomen näher ausgeführt. In dem
einen erklärt Friedrich II. alle Immunitäten, Schenkungen und Veräußerungen, die von Ildefons II. und von seinem Sohne Raimund-
Berengar während seiner Minderjährigkeit gegen die Ehre des Reichs
unvorsichtig erlassen seien, für ungiltig; in dem andern hebt er
alle jurisdictiones, consulatus, potestates .. et alia statuta, welche
einige Städte der Provence zum Schaden des Reichs und des Grafen
ausübten, auf und verbietet, in Zukunft ähnliche aufzurichten.[3]) —
　　Während so der Kaiser nach langer Zeit wieder zu dem Grafen
der Provence in ein näheres Verhältniss trat, wandte er sich um
dieselbe Zeit an den Pabst mit der Beschwerde über die Occupation
der reichslehnbaren Besitzungen Raimunds von Toulouse durch den
Legaten; er forderte, dass man dieselben dem Grafen restituire und
auch die übrigen Reichsplätze freigebe.[4]) Honorius erwiederte hierauf,[5]) „er hätte seinem Legaten von Anfang an befohlen, die Rechte
des Kaisers zu schützen und ihm auch soeben das Gleiche einge-

---

1) Vgl. Fabre l. c. II, 106 ff.

2) Foggia. HB. II, 680—685. Raimund-Berengar heißt „affinis et
fidelis noster.“ — Zu dieser Belehnung ist der Beschwerdebrief von 1239
heranzuziehen (HB. V, 406), wonach der Graf damals, statt selbst zu erscheinen, einen einfachen Boten geschickt hat, was Friedrich II. ihm verargte,
wenn er ihm auch die Belehnung nicht verweigerte; doch musste der Bote
versprechen, dass der Graf im folgenden Sommer (1227) mit Truppen „zur
körperlichen Investitur“ nach Sicilien kommen würde, was dann der Graf
ebenfalls versäumte.

3) . . . cum igitur indecens sit . . .; ut ab universitatibus talia praesu-
mantur, quae laedunt Rom. Imperii dignitatem.

4) S. Vaissète III. p. 363 f. und den folgenden Brief des Pabstes.

5) 1226, 22. Nov. HB. II, 693 u. n. 1.

schärft;[1]) doch könne er die Bitte des Kaisers noch nicht sogleich
erfüllen, sondern müsste sich erst vom Legaten berichten lassen, wie
die Dinge ständen und welche Gebiete dort zum Reiche gehörten.[2])
Letztere sollte bis dahin der Legat in kirchlicher Obhut halten und
sie von den Bischöfen verwalten lassen. Später aber würde er nicht
zögern, dem Kaiser seine Rechte zurückzugeben;[3]) doch könne sich
dies in die Länge ziehen, da man nun endlich die Ketzerei mit der
Wurzel ausrotten müsse, damit sie nicht von Neuem erstehe."

Diese Erklärung war wenig geeignet, den Kaiser zufrieden zu
stellen; wie sehr ihn das ganze Verfahren des Pabstes in dieser
Sache erbitterte, sieht man aus dem Briefe an Heinrich III. von
England,[4]) wo Friedrich II. das Geschick Raimunds als warnendes
Beispiel für die Unersättlichkeit und Ungerechtigkeit der Curie an-
führt.

Diese aber war weit entfernt, die im Arelat erlangte Machtstellung so leichten Kaufs aufzugeben. Im Frieden zu Paris (April
1229)[5]) zwischen Raimund VII. und dem jungen Ludwig IX. bestimmte der vierzehnte Artikel, dass das Reichsland und alles
Recht des Grafen daselbst für immer an die Kirche kommen
sollte.[6]) Da der Kaiser im heiligen Lande war, hatte man von
ihm nichts zu befürchten; auf Beachtung seiner Rechte durfte er
überdies nicht Anspruch machen, da er 1227 von Gregor IX. excommunicirt war.

Kaum aber hatte er sich 1230 mit diesem ausgesöhnt, als er
sogleich an ihn Gesandte schickte mit der dringendern Bitte, die
Rechte des Reichs demselben im Arelat zu restituiren. Hierauf erwiederte Gregor,[7]) indem er sich auf jenen Concilsbeschluss von

---

1) volemus, terram illam sic heretica pravitate purgari, ut jura imperii
illaesa servarentur.

2) quae terrae ad imperium in illis partibus pertinent(!)

3) ut jura tua nuntiis vel ordinatis tuis sine periculo pacis
et fidei restitui faciamus.

4) HB. III, 48.

5) Teulet Layettes etc. II, 147 ff.

6) ... terra autem, quae est in Imperio ultra Rhodanum et omne jus,
quod nobis competit, precise quittabimus Dom. legato, nomine ecclesie, in
perpetuum.

7) 1230, 10. Dez. HB. III, 248.

1215[1]) berief: „er könne ihm auch jetzt noch nicht willfahren; noch zu neu sei die Bekehrung der Ketzerei, als dass diese nicht plötzlich wieder ausbrechen könne; daher möge der Kaiser nichts Schlimmes argwöhnen, wenn er die Erfüllung seiner Bitte noch aufschiebe; Gott sei sein Zeuge, dass er die Rechte des Reichs nicht mindern, sondern erhalten wolle." — — — —

Wir machen hier Halt, nachdem wir auf die Stellung Friedrichs II. zu den Albigenser-Kriegen etwas näher eingegangen sind. Aus den Jahren 1227 bis 1230 sind uns sonst keine kaiserlichen Akte für das Arelat bekannt; sein Kreuzzug (1228—29) und die italienischen Verwicklungen hinderten ihn, hier kräftig einzugreifen, wie er es wollte; dazu kam er erst nach 1230. Werfen wir aber vor diesem neuen Abschnitt noch einen Rückblick auf den bis jetzt verfolgten und sehen wir, wie bei dem Streben des Kaisers, seine Autorität im Arelat zur Geltung zu bringen, sich das Verhältniss desselben zum Reiche gestaltet hatte.

Wir haben oben schon bemerkt, dass sich das Eingreifen des Kaisers im Arelat im Wesentlichen auf die Provence beschränkte. Es ist dies erklärlich; dieser südliche Theil, durch den kurzen Seeweg so nahe an Italien gerückt, durch so viel Interssen des Handels und der Verwaltung mit diesem Lande verbunden, lag dem Kreis der Politik Friedrichs II. so ungleich näher, als die nördlichen Theile. Für Nord-Burgund haben wir noch einige Erlasse des Kaisers,[2]) der sich auch hier seine Entscheidung vorbehielt, obwohl er dies Gebiet an seinen Sohn abgetreten hatte; so wandte er den Unruhen in Bisanz seine Aufmerksamkeit zu und hielt es 1225 für gut, das Urtheil seines Sohnes und der Fürsten zu modificiren.[3]) Zu den anderen Reichsgebieten dagegen, südlich bis zur Provence, gewann der Kaiser keine nähere Beziehung. Es ist möglich, dass die Reichsinteressen hier bei den Bischöfen in guter Hut waren und weniger Anfechtungen zu erfahren hatten: die Communen waren hier ungleich weniger entwickelt, als die, gleich den italienischen, vorgeschrittneren der Provence; auch die weltlichen Großen hatten hier

---

1) S. o. S. 61.
2) S. o. S. 51.
3) Foggia, 5. Juni. HB. II, 487.

gegen die Bischöfe nicht aufkommen können, mit Ausnahme der Dauphins von Vienne. [1])

Aus der Gegend von Grenoble stammend, hatte dieses rührige Geschlecht in der Mitte des zwölften Jahrhunderts seine Herrschaft über Albon und Vienne ausgebreitet und daselbst Grafenrechte erworben. Durch Heirathen wurde dieser Besitz erweitert; Guigues VI. André erbte 1210 von seiner Tochter die Grafschaften Gap und Embrun, so dass seine Herrschaft sich nun vom Rhône bis zu den Alpen erstreckte; 1215 trat ihm der Dauphin von Auvergne Voreppe und Voracieu ab. Zu den Herzögen von Burgund und den Markgrafen von Montferrat sahen wir ihn schon

---

[1) Ueber den Namen „dalphinus" ist man noch immer zu keiner Einigung gekommen, so viel darüber auch schon gesagt ist (s. Terrebasse Notice hist. sur l'origine de la première race des Dauphins). Zuerst hat sich Guigues IV. um 1140 so genannt (Cart. de Grenoble 243). Nur das steht fest, dass dalphinus nicht mit dem Delphin zusammenhängt; erst 1250 wird ein Delphin in's Wappen aufgenommen.

Schon Valbonnais (Hist. de Dauph. I, 3) hat darauf hingewiesen, dass dalphinus ursprünglich ein Name, kein Titel ist. Und in der That findet man hierfür aus den verschiedensten Zeiten Belege:

1. Dalfinus, Bischof von Lyon 661 (Labbe Conc. I, 102).

2. Dalvinus, Schreiber der Abtei Savigny 950—960,

3. Dalphinus miles 1198 (Potthast 282),

4. Raymundus Dalphinus, Notar 1290.

5. Dalphinus de Mala Valle, miles 1298 Bouquet 22, 764,

6. Raym. Delphinus, precentor in Sisteron 1310.

Man könnte diese Beispiele für den Namen Dalphinus noch beliebig vermehren. — Guigues IV. hat nun diesen Namen neben dem erstern geführt, wie z. B. Guigues VI. sich auch Andreas nennt. Sein Nachfolger behielt diesen Beinamen bei; dass er Name ist, zeigt die Stellung noch 1178 (Stumpf act. ined.), wo es „Comes Dalphinus" heißt abwechselnd mit Dalphinus Comes (1155: Guigo Dalphinus, comes Gratianop. HB. V, 185). Hier kann es ja noch nicht Titel sein, sondern er heißt „Graf Dalfin". Den Uebergang zum Titel finden wir 1215 (Chevalier Doc. hist. Dauph. Inventaire, p. 30). Hier heißt es: Ego Andreas, dictus Delphinus, Comes Vienn.; dieses „genannt Delphinus" zeigt, dass man anfing, den Namen als eigenthümlich für die Gr. v. Vienne zu betrachten. Wie es gewöhnlich war, dass Eigennamen von den Nachkommen beibehalten und zu Familiennamen wurden (s. Laplane hist. de la ville de Sisteron, Anhang), so wurde auch der Name Dalphinus gleichsam Familienname bei den Gr. v. Vienne, nur dass bei ihnen, als Fürsten, dieser Familienname dann zum Titel wird.

Hiermit dürfte eine befriedigende Erklärung des merkwürdigen Titels gefunden sein.

in näherer Beziehung stehen; er ist auch der einzige burgundische
Große, der vom l'abste zum Garanten des Friedens mit dem Kaiser
ausersehen ist.[1]) Um so merkwürdiger ist es, dass der letztere zu
ihm in kein festeres Verhältniss zu treten versuchte; wir haben keine
Urkunde für ihn seit Friedrichs I. Zeiten. Seine eigenen Urkunden[2])
datirt der Dauphin bis 1230 c. nicht mit Nennung des Kaisers.
Ja, es scheint sogar zu einem feindlichen Gegensatz zwischen ihnen
gekommen zu sein, dadurch, dass der Nachbar Guigues VI., Thomas
von Savoien, mit dem er im Streite lag, zugleich kaiserlicher Vicar
der Lombardei war. 1228 schloss nämlich der Dauphin mit den
Städten Turin, Pignerol und Testona einen Vertrag[3]) gegen den
Kaiser und Thomas, wodurch der Dauphin auch Bürger dieser
Städte wurde. So beginnen jetzt die Kämpfe der Dauphins gegen
Savoien, die über ein Jahrhundert fortgingen.

Die Bischöfe der Provinz Vienne sehen wir seit 1214 in keiner
Verbindung mit Friedrich II., gewiss erfüllten sie ihre Pflichten gegen das Reich; die Datirung ihrer Urkunden vergisst selten den
Kaiser zu nennen.[4]) Und dies finden wir am meisten beim Erzbischof von Vienne und beim Bischof von Die, d. h. den beiden
Prälaten, denen die mächtigsten weltlichen Herren — der Dauphin und
der Graf von Diois und Valentinois — gegenüberstanden: gegen diese
war doch der deutsche Kaiser die Quelle und Stütze ihrer Rechte.

In der Provence haben wir die Thätigkeit des Kaisers bis 1230
verfolgt. Er stützte sich auch hier vor Allem auf die Bischöfe,
besonders den Erzbischof von Arles. Seine Versuche, einen weltlichen Großen als seinen Stellvertreter einzusetzen, waren gescheitert; so hatte er sich, wie seine Vorgänger, darauf beschränkt, die
Macht der Bischöfe zu erhalten, vor Allem den gefährlichen Communen gegenüber, deren unabhängige Verwaltung er öfters miss-
billigt und verbietet.[5])

---

1) Winkelmann Friedrich II, 341.
2) S. diese bei Valbonnais und Chevalier l. c.
3) Wurstemberger l. c. IV, Urk. no. 70.
4) S. Gallia christiana XVI, pr. 188 ff.
5) Die Frage, ob die Podestas vom Kaiser in die Städte geschickt
wurden, wird man für die Zeit vor 1236 entschieden verneinen müssen.
Huillard (Introd. 255 f.) nimmt schon z. B. Torello de Strada 1222, Per-
ceval Doria 1232—34 in Arles als vom Kaiser geschickt an, nur der ghibel-
linischen Namen wegen; sonst ist seine Annahme durch nichts erwiesen.

Mit den Grafen von Provence und von Toulouse sahen wir den
Kaiser schon oft in Verbindung; doch blieb es ihm als Hauptaufgabe
für die Zukunft noch vorbehalten, sich mit diesen Rivalen des Arelats abzufinden.

Im Ganzen lässt sich nicht leugnen, dass das Ansehn des Kaisers
in der Provence doch schon merklich gehoben war, so wenig durch-
greifend er sich auch daselbst bethätigt hatte. Die Datirung erwähnt ihn fast immer,[1]) während man nun öfters den Pabst fortläßt
und dafür den Podesta setzt.[2]) — Jetzt kommt auch der Gebrauch
auf, dass sich die Notare und öffentlichen Schreiber „imperialis
aulae notarii“ nennen, was nach Ficker[3]) immer auf eine Ernennung durch den Kaiser selbst hinweist. Zuerst finden wir den Titel
in Marseille 1224,[4]) was man dann mit der Anwesenheit des Bischofs
Peter am Hofe Friedrichs 1223 wohl in Verbindung bringen könnte.
Kaiserliche Notare im Arelat finden sich dann immer häufiger, so
nennt sich einer derselben 1236[5]) sogar deutlich: „publicus tabellio
imperii ab imperatore constitutus.“ Später scheint der Titel allerdings
traditionell geworden zu sein, denn, wenn sich z. B. in Die
die Notare bis in's 15te Jahrhundert „kaiserlich“ nennen,[6]) wird
eine Ernennung durch den Kaiser kaum mehr anzunehmen sein. —
Jedenfalls zeugt das Aufkommen dieses Titels um 1225 c. ebenfalls
für ein Wachsen des kaiserlichen Einflusses im Arelat, wie wir es
überhaupt im Folgenden nun stetig zunehmend beobachten werden.

Ficker (Forschungen §. 416) zeigt, dass vor 1235 c. in Italien diese Ernennung der Podestas durch Friedrich II. nicht ausgeübt ist. Dasselbe muss
man, ganz wie in Hinsicht der Vicare, auch für's Arelat annehmen, worauf
wir unten zurückkommen.

1) Vgl. o. S. 59, no. 5.
2) z. B. Gall. christ. I, 101 und 157. Chevalier Cart. Dauph. III,
1, 119.
3) Ficker Forschungen §. 246 ff.
4) Cartul. de S. Victor no. 1120.
5) Méry et Guindon Hist. d. Mars. I, 429.
6) Chevalier Cart. de Die (Doc. ined. d. Dauph. II, 165).

II. Abschnitt.

Vom Ende des Albigenser-Kriegs bis zur Belagerung von Brescia.
1229—1238.

In der Vorrede der Constitutionen von Melfi (1231) nennt sich Friedrich II. auch „Arelatensis".[1] Dieser Titel ist neu und mit ihm gleichsam ausgesprochen, dass — wie Italien, Sicilien, Jerusalem, nach denen er sich ebenfalls nennt — nun auch das Arelat ein eigenes Reich des großen Staufers bildet, nicht mehr wie früher einen Bestandtheil des römischen Reichs; der Zusammenhang mit Deutschland war damit aufgegeben, die Person des Kaisers war nun allein das Verbindende für alle jene Reiche; und Friedrich II. war gewillt, mit allen reichen Mitteln seines Geistes überall seine Souveränetät absolut zur Geltung zu bringen. — — —

Im August 1230 finden wir den Erzbischof Hugo von Arles beim Kaiser in Italien. Er holte sich eine neue Bestätigung seiner Rechte, zumal die fünf Jahre, für welche er den Rhône-Zoll erhalten hatte,[2] abgelaufen waren. Er empfing wiederum die Confirmation der Privilegien von 1178,[3] von 1214,[4] eine Erneuerung des Schenkungs- und Erbschaftsprivilegs[5] und der Zölle bei der Burg Salon und am Rhône, jetzt auf Lebenszeit.[6] Hugo war dann auch Zeuge des neuen Vertrags zwischen Friedrich II. und dem Pabste.[7]

Gewiss aber hatten ihn die neuen Streitigkeiten, die in der Provence — jetzt zwischen den Mächten des Landes selbst — ausgebrochen waren, bewogen, sich Raths beim Kaiser zu holen. Es war die Rivalität der Grafen von Provence und von Toulouse auf der einen Seite, der Communen von Arles und Marseille auf der andern, die jetzt den Ausbruch eines langwierigen Krieges[8]

---

1) HB. Introd. 49 und 255.
2) S. o. S. 56.
3) Ceperano, August 1230. Winkelmann 310.
4) Ibid. 309.
5) HB. III, 224; s. o. S. 56.
6) HB. III, 221.
7) 28. August, Ceperano. HB. III, 218.
8) Ueber ihn vergl. Anibert l. c. III. Cap. 4 ff.

veranlasste, in welchem nun der Graf von Provence, unterstützt von den Bischöfen, gegen die revolutionären Gewalten des Grafen von Toulouse und der Communen kämpft; von den letzteren ist allein die von Arles, die ihre Handelsinteressen von Marseille bedroht sah, auf Seiten Raimund-Berengars, während der Erzbischof von Arles, im Sinne des Kaisers, eine vermittelnde Stellung einnimmt.

Die ganze Bewegung ging von dem jungen Raimund-Berengar IV. aus. Es ist von Anfang an seine Absicht gewesen, die souveräne Herrschaft über die Provence ohne Beschränkung durch die Communen und den Kaiser an sich zu bringen; aber im Gegensatz zu seinem großen Gegner Raimund VII. von Toulouse, der im Waffenhandwerk allein seine Lust und Stärke sah, ging er sehr behutsam und schlau zu seinem Ziele. Seine Residenz zu Aix, wo er sich im Centrum der Provence festgesetzt hatte, wurde so bald nicht allein der Musenhof der Schönheit, Poesie und des Gesangs, sondern auch der Ausgangspunkt einer weitgehenden und berechnenden Politik, die sich nach außen in den glänzendsten Familienverbindungen, im Innern in stetiger Stärkung und Machtausbreitueg kundgab.

In dem Bestreben, seine alten Rechte auf die Communen wieder geltend zu machen, vom Kaiser, wie wir sahen,[1]) unterstützt, ging er nun in diesem Sinne zuerst gegen Marseille vor.[2]) Schon 1228 schloss er mit dem Erzbischof und der Commune von Arles ein Schutz- und Trutzbündniss[3]) gegen diese Stadt, die ja noch in der Reichsacht war. Der Graf versprach darin den Arelatensern große Handelsvortheile durch Unterdrückung des Marseiller Handels. Im Jahre 1230 brach dann der Krieg los. Anfang August (also kurz bevor Hugo von Arles den Kaiser aufsuchte) begann Raimund-Berengar die Belagerung von Marseille, unterstützt von Arles und dem Bischof von Marseille selbst. Doch nach dreimonatlicher Belagerung sah sich der Graf genöthigt, dieselbe aufzuheben (November 1230). Eine allgemeine Opposition der provençalischen Stände hatte sich gegen ihn erhoben. Die kleinen Herren, wie die Communen füblten sich in gleicher Weise von seiner Politik bedroht; vielleicht waren es auch religiöse Gründe, die sie bewogen, sich dem Grafen von Tou-

---

1) 1226. S. o. S. 66.

2) „cum civitas Mass. de dominio ipsius comitis Prov. extiterit et existat" Winkelmann 620.

3) 11. Oct. 1228. Papon II. pr. 47 „imperante Dom. Friderico."

louse anzuschließen. Zuerst hatte das bedrohte Marseille diesen zum
Entsatz gerufen und nach dem Abzuge Raimund-Berengars schloss
man sogleich mit ihm ein Bündniss,[1]) durch welches ihm die Vice-
comital-Stadt zur Verwaltung auf Lebenszeit übergeben wurde. Die
Stadt Tarascon und die Herren von Baux folgten im nächsten Jahre
diesem Beispiel und schlossen mit Raimund VII. ein Schutzbündniss
gegen Jedermann,[2]) „mit Ausnahme der Kirche, des Kaisers, des
Königs von Frankreich und der Bewohner von Arles."[3])

Diesen Zwiespalt in der Provence zu unterdrücken war seit
der Rückkehr vom Hofe das Streben Hugos von Arles. Schon Ende
1230[4]) hatte er die eine Partei dazu gebracht, den Streit in Güte
beilegen zu wollen. Der Graf von Provence, der Bischof von Marseille und die Arelatenser erklärten sich bereit dazu, den Erzbischof,
als kaiserlichen Vicar,[5]) zum Schiedsrichter zu wählen; wenn
dieser Raimund VII. und den Marseillern nicht genehm sei, wollten
sie ein Richtercollegium zur Entscheidung einsetzen; beliebe auch
dies nicht, so wollten sie das Urtheil des Kaisers „tanquam domini
principalis" einholen und stellten dafür dem Erzbischof[6]) eine hin-
reichende Caution an Burgen und Geißeln zum Unterpfand.

Diese Urkunde ist für uns sehr wichtig, als die erste, wo sich
der Erzbischof von Arles kaiserlicher Vicar nennt. Zwar war seine
Stellung von jeher so gewesen, dass er als der Stellvertreter des
Kaisers gelten musste, doch hat er nie den Titel vicarius geführt.
Man kann also mit Recht annehmen, dass ihm der Kaiser jetzt in
Italien die Befugnisse gegeben hat, in seinem Namen im Arelat zu
verfahren; es war dies nur eine weitere Belohnung der Treue und
Tüchtigkeit Hugos. Nur darf man nicht glauben, dass ihm nun
der officielle Titel „Reichsvicar im Arelat" verliehen sei, wie den
späteren weltlichen Großen. Hugo nennt sich ja nie an der Spitze
seiner Urkunden so, wenn er es auch rechtlich und faktisch war;

---

1) 1230, 7. Nov. Teulet 188.

2) d. h. „in terra Imperii".

3) 1231, 17. August Teulet 216.

4) 26. Nov., Aix. Winkelmann 620.

5) „tanquam coram majori paciario vel tanquam coram communi par-
tium amico vel sicut coram imperatoris vicario."

6) .. et ipsius imperatoris nomine nobis tanquam ipsius vicario
in nostra provincia obtulit pignora....

so steht auch oben „Vicarius" nicht als Titel, sondern als faktische Eigenschaft des Erzbischofs. — — —

Zwar kam es nicht dazu, den kaiserlichen Schiedsspruch einzuholen, doch gelang es der unermüdlichen Thätigkeit Hugos,[1]) zu Anfang 1232 eine Waffenruhe herzustellen. Aber schon im Sommer dieses Jahres brach Raimund VII. dieselbe, obgleich mit der Excommunication bedroht, und drang raubend und plündernd über den Rhône in die Provence ein, deren Festungen er dann zu erobern versuchte. Raimund-Berengar, der sich seinem kriegerischen Gegner wohl nicht gewachsen fühlte, suchte beim Kaiser und bei der Kirche Schutz. Letztere sprach dann im August 1232 über Raimund VII. den Bann aus.[2])

Friedrich II. war schon vorher zu Gunsten des Grafen von Provence vorgegangen.[3]) Hugo von Arles hatte wohl, um seinem Versprechen gemäss den Bund, der sich gegen Raimund-Berengar gebildet hatte, zu sprengen, die folgenden Befehle des Kaisers erwirkt. Friedrich II. verfügte nämlich in dem einen Erlass,[4]) dass alle Personen und Communen, die vom Grafen der Provence[5]) irgend ein Land oder Recht zu Lehen trügen, sich aber jetzt zu Krieg und Bündniss gegen ihn erhoben hätten, ihrer Lehen verlustig gehen sollten; in dem andern[6]) erklärte er alle Veräußerungen von reichsgehörigen Gütern und Rechten,[7]) die der Graf von Provence vor

---

1) Vgl. sein Versprechen an den Gr. v. Prov., Raimund VII, zur Auflösung seines Bundes mit Marseille und Tarascon zu bewegen. Papon II, pr. 49 (hier fälschlich zu 1231 gesetzt), 18. Februar 1232.

2) Papon II, pr. 52.

3) Anibert (III, 72b) hat richtig gesehen, dass die Notiz der sog. Chronik bei Vaissète (III, pr. p. 107), wonach Friedrich II. 1230, „wegen Empörung des Gr. v. Prov., der die Stadt Arles von der Herrschaft des Reichs loslösen wollte, dessen Besitz an Raimund VII. gegeben habe", zu 1239 gehört. Vaissète (und nach ihm Papon, L'art de vérifier, Biogr. universelle, Hahn l. c.) haben aber trotz des auffallenden Widerspruchs die Notiz zu 1230 eingefügt.

4) Ravenna, März 1232, HB. IV, 308.

5) „Imperii nostri devotus ac fidelis".

6) Ravenna, März 1232; Winkelmann 322.

7) „Quae spectent ad imperium, sive consistant in mero imperio, sive in mixto, vel jurisdictione" . . .

[Winkelmann (Urk. 323) setzt eine undatirte Urkunde, „bei der es sich auch um eine Auseinandersetzung zwischen Marseille und dem Gr. v.

seinem 25sten Jahre an die Communen seiner Grafschaften, besonders an die Vicecomitalstadt Marseille, gegeben habe, für nichtig und ungiltig, weil zum Schaden des Reiches geschehen.

Jetzt schien es, als würde Marseille nachgeben; der Bischof und der Syndicus der Stadt brachten einen Vertrag zu Stande, worin die Stadt dazu bestimmt wurde, Genugthuung und Caution in Betreff der Beschwerden des Grafen von Provence zu geben. Diese Sentenz bestätigte Friedrich II. auf Bitte des Grafen im August 1232.[1]) Nach dem siegreichen Vordringen Raimunds VII. aber war die Stadt weniger, wie je dazu geneigt, auf die Bedingungen des Grafen von Provence einzugehen; nur noch fester schloss sie sich ihrem neuen Herrn an.

Friedrich II. ergriff nun ein neues Mittel, die Provence zu pacificiren. Am 19. September 1232[2]) gab er Befehl an Guallia de Gorzano,[3]) nach dem Arelat zu gehen und den Streit zwischen dem Grafen Raimund-Berengar und seinen Feinden beizulegen, damit der Erstere keine Entschuldigung hätte, dem vorher an ihn ergangenen Befehl, praefixo termino zur Vertheidigung des Patrimonium Petri nach Italien zu kommen,[4]) nicht zu entsprechen. Guallia sollte alle Betheiligten aufsuchen, um sie zum Frieden oder zur treuga zu bewegen;[5]) wer sich nicht fügte, sollte in die Reichsacht erklärt werden,

---

Prov. handelt", in das Jahr 1232. Bei näherem Hinsehen aber zeigt sich, dass es sich hier um etwas ganz Anderes handelt. W. hat nicht gewusst, dass die Urk. schon bei Stumpf (act. ined. 343) gedruckt ist und bei ihm richtig zu 1157; denn sie steht mit einer andern zusammen, in der auf sie Bezug genommen ist („cassavimus") und diese zweite erwähnt den Reichstag zu Bisanz 1157.]

1) Melfia HB. IV, 380.

[In das Jahr 1232 fallen noch zwei Vergabungen für Burgund:

1. Privilegien-Bestätigung für Kloster Château-Calon (Nord-Burg.) Juli, Melfia IIB. IV., 370.

2. Privil.-Bestätigung für Bischof v. Gap, erwähnt bei HB. IV, 955.]

2) Melfia HB. IV, 386.

3) Oder Quallia, Cailla, Galeatius de Gurcano.

4) Der Pabst wurde damals von den Römern bedrängt und Friedrich II. benutzte diese Gelegenheit, wo der Pabst seine Hilfe in Anspruch nehmen musste, ihm Bedingungen zu stellen.

5) .. comitem Prov. et. Tol. ceterosque adversarios inducat ad querelas ante curiam imperialem definiendas. Diesen wichtigen Versuch, die kaiserliche Gerichtshoheit wieder herzustellen, sahen wir schon oben in dem Vertrag Hugos v. Arles angedeutet (S. S. 74).

mit Ausnahme der beiden Grafen. Den Grafen von Toulouse sollte er auffordern, die Marseiller und die anderen Feinde Raimund-Berengars nicht mehr gegen diesen zu unterstützen. Zugleich gab Friedrich seinem Nuntius Briefe an die Erzbischöfe von Arles und Vienne mit, die mit ihm im Verein den Streit beilegen sollten.

Dieser Akt des Kaisers ist für uns sehr wichtig; er ist in mehrfacher Beziehung der Anfang eines neuen Systems im Arelat: zum ersten Male[1]) schickt Friedrich II. einen speciellen Gesandten dorthin, zum ersten Male nimmt er das Contingent der arelatischen Großen für seine Kriege in Anspruch. Diese neue Politik, die der Kaiser jetzt im Arelat zu verfolgen gedachte, bezeichnet er noch genauer in dem Aufrufe, den er am 15. November[2]) an alle „Edle und Getreue im Reiche Burgund" erließ. „Es sei schon lange her,[3]) heisst es hier, dass sie zuletzt dem Reiche die schuldigen servicia geleistet hätten; aber dies sei nicht ihre Schuld, da sie dazu nicht aufgefordert wären. Nun aber erforderten die Geschäfte des Reichs ihren Rath und Beistand; daher befehle er ihnen, bei Strafe[4]) für Nichterscheinen, im künftigen Mai mit löblicher Waffenmacht zu ihm zu kommen; dem Guallia de Gorzano hätte er Vollmacht gegeben, mit ihnen zu unterhandeln und die Säumigen zum servicium zu zwingen."

Es war gerade ein Jahrhundert verflossen, seitdem Kaiser Lothar III. einen Brief fast desselben Inhalts an den Erzbischof von Arles gerichtet hatte.[5]) Auch er beklagt, dass das Ansehn des Reichs im Arelat seit langer Zeit gemindert sei; auch er will dasselbe erneuern und befiehlt dem Erzbischof, zu bestimmtem Termin in Italien zu erscheinen. Aber wie verschieden war doch der Erfolg der beiden Schreiben, wieviel stärker war doch jetzt das Ansehn des Kaisers, als damals! Weder 1136 noch überhaupt jemals in der Zwischenzeit hatten die Kaiser aus dem Arelat einen reellen Nutzen gezogen oder doch nur ihren Willen immer durchsetzen können. Erst Frie-

---

1) Wenigstens ist uns von keinem frühern berichtet; doch könnte man aus den Worten des Pabstes (1226 s. o. S. 67, 3) „nuntiis et ordinatis tuis" vielleicht auf frühere schließen.

2) 1232, Foggia HB. IV, 403 und MG. Lg. II, 298.

3) Cum ..... per longissime retroacta tempora nullum per vos servitium nobis aut imperio sit impensum.

4) Sub pena regalium constitutionum.

5) 1136 MG. Lg. II, 83.

drich II. hatte von Italien aus versucht, seine Rechte praktisch zur Geltung zu bringen; und so wenig anhaltend und nachdrücklich auch seine Bemühungen bis jetzt gewesen waren, so war doch der Erfolg, den sein erster Bote erzielte, über Erwarten günstig.

Anfang 1233 kam Guallia nach der Provence.[1]) Um so mehr zur rechten Zeit, als gerade eben (November 1232) der wackere Hugo von Arles gestorben war. Mit bewundernswerther Klugheit hatte er es fünfzehn Jahre verstanden, inmitten der furchtbaren Wirren dieser Zeit seine Macht gegenüber der Curie und ihrem Legaten ebenso wie den Großen des Arelats, wie auch — was am schwersten war — der Stadt Arles gegenüber friedlich zu behaupten, sich über die Parteien zu stellen, zwischen ihnen segensreich zu vermitteln und vor Allem, indem er immer sein Amt als Stellvertreter des Kaisers hervortreten liess, durch seine Autorität auch die seines Souveräns zu heben und zu festigen. Ihm musste Friedrich II. vor Allen seine Erfolge im Arelat danken. Sein Nachfolger, Jean Baussan, konnte in keiner Hinsicht seinen Vorgänger ersetzen: wir werden sehen, wie er, einzig bestrebt, den Grafen von Provence zu unterstützen, es bald sowohl mit der Commune von Arles, als auch mit dem Kaiser verdarb. — — —

Von Avignon aus ließ Guallia im Februar 1233[2]) die Befehle an die Bischöfe und Herren der Provence ergehen, sich mit ihren Contingenten in Italien einzufinden, wie es Friedrich II. vorgeschrieben hatte. Zuvörderst aber war seine Aufgabe, die streitenden Parteien zu veranlassen, sich des Kampfes zu begeben und die Entscheidung darüber beim Kaiser zu suchen. Dies glückte ihm, vorzüglich mit Hilfe des Podesta von Avignon, Percival Doria, sehr rasch: nacheinander empfing er die befriedigendsten Zusagen. Ende März versprachen die Herren von Baux[3]) und Wilhelm von Sabran,[4]) am 24. April Raimund VII. selbst,[5]) sich dem Willen des Kaisers und

---

1) Wir sind über die Sendung Guallias sehr gut unterrichtet, indem uns 9 Urkunden (zum Theil bei Papon II, zum Theil jetzt von Winkelmann edirt) darüber erhalten sind.

2) S. HB. IV, 404, no. 1.

3) Papon II, pr. no. 54.

4) 29. März 1233, Winkelmann 629. Wilh. von Sabran hatte noch 1229 dem Grafen von Prov. gehuldigt (Papon III, pr. no. 3), war dann aber 1230 zu Raimund VII. übergegangen.

5) 24. April 1233, Papon II, pr. no. 56.

seines Gesandten in jeder Weise fügen, an jedem vorgeschriebenen
Orte vor ersterem erscheinen und für Alles genügende Garantieen
geben zu wollen. Im Mai vereinbarte Guallia mit Raimund-Berengar
die Bedingungen, unter denen dieser den von ihm gefangenen Hugo
von Baux freigeben sollte; Hugo sollte 500 Mark Silber zahlen und
als Pfand dafür dem kaiserlichen Gesandten das Schloss Castellet
geben, welcher dasselbe „ad honorem et in sequestrum imperatoris"
bewachen lassen wollte.[1]) — Am 18. Mai ließ dann Guallia bei
Aix auf Wunsch des Grafen nochmals das Manifest Friedrichs II.
publiciren[2]) und am nächsten Tage verhandelte er in Marseille mit
dem Rathe der Stadt. Diese hatte sich schon vorher dem Willen
des Kaisers zu fügen versprochen, doch forderte Guallia von dem
neuen Rathe Wiederholung des Schwurs und Geißeln. Da der Rath
sich hierzu nicht bereit erklärte, drohte Guallia kraft seines Amtes
der Stadt mit der Reichsacht; doch Raimund VII. zu Liebe gab
er ihnen noch drei Wochen Bedenkzeit.[3]) Am 27. Juli[4]) kam auch
diese Verhandlung zum Abschluss, indem die Stadt wie auch Raimund VII. sich bereit erklärten, die treuga zu halten, vor dem Kaiser
zu erscheinen und sich dessen Willen zu fügen, wofür sie zwei
Schlösser zum Pfande setzten, deren Bewohner dem Kaiser Treue
schwören sollten.

Nachdem so die einzelnen Glieder ihre Zustimmung gegeben
hatten, wurden in September die Bedingungen der treuga und der
Termin des Erscheinens am Hofe festgesetzt,[5]) indem beide Grafen
und ihre Anhänger versprachen, die treuga von Michaeli ein Jahr
lang halten und zum nächsten Osterfeste beim Kaiser erscheinen
zu wollen, wo er sich auch befände.[6]) Percival Doria übernahm
als Vicar Guallias, über die Ausführung der treuga zu wachen und
alles Nöthige anzuordnen. So konnte Guallia jetzt die Provence ver-

---

1) Aix, 14. Mai. Winkelmann 630. Unter den Zeugen: R. de Bellojoco,
Percival Doria, potestas Avinionensis, Formundus Lupus, potestas Arelatensis (falsch für Supramunt Lupus s. u.).

2) Papon ibid no. 57.

3) Mai 1233, Papon l. c. no. 58, besser bei Winkelmann 631.

4) Gernega bei Tarascon. Winkelmann 632.

5) Aix, 18. Sept. Winkelmann 633.

6) „Et de eundo seu mittendo ad d. imperatorem et de observandis
mandatis imperatoris.

lassen, nachdem ihm noch Raimund-Berengar die nöthigen Pfänder
für die Beobachtung der treuga übergeben hatte.[1])

Untersuchen wir noch, wie beschaffen Guallius Amt gewesen
ist, so zeigt es sich, dass die Meinung Huillards, der ihn Vicar zu
nennen beliebt,[2]) nicht berechtigt ist. Guallia war zu bestimmtem
Zwecke nach der Provence geschickt; als dieser erreicht war, hörte
auch seine Sendung auf und er ging nach Italien zurück. Außer
seinem Mandat hatte er keine Befugnisse; so heißt er immer nur
missus, specialis nuntius, ist also weder mit den oben besprochenen,
mit dem Arelat betrauten Großen, noch mit den um 1237 auftre-
tenden kaiserlichen Beamten zu vergleichen. Doch muss man seine
Sendung immerhin als den ersten Versuch Friedrichs II. betrachten,
tüchtige Männer aus seiner Umgebung mit ganzer Vollmacht in's
Arelat zu schicken.

Der Streit im Innern der Provence ruhte nun für längere Zeit;[3])
die Thätigkeit der beiden Rivalen von Provence und Toulouse —
des erstern zur Stärkung seiner Souveränetät, des anderen zur
Wiedergewinnung seiner linksrhônischen Besitzungen aus den Händen
der Kirche — hörte indessen nicht auf; sie zeigte sich in der nächsten
Zeit aber mehr in Negociationen nach außen hin.

Zunächst knüpften Beide Verbindungen mit dem französischen
Hofe an. Hier war 1226 auf den habgierigen Ludwig VIII. sein
Sohn Ludwig IX. gefolgt, der seinem Vater vollkommen unähnlich
war. Immer und überall bestrebt, das Recht zu schützen, Frieden
zu stiften, den Uebergriffen der Kirche besänftigend entgegenzutreten,
hielt er sich auch dem deutschen Reiche gegenüber von der Politik
frei, die seine Vorgänger und Nachfolger fast immer befolgt haben.
Keinen offenen, noch versteckten Angriff auf die deutschen Grenz-

---

1) Aix, 20 Sept. 1233, Winkelmann 634, wo er dem Grafen für die
Reverentia dankt, die er ihm erwiesen habe.

2) Gleich wie jene oben Besprochenen. HB., Introd. l. c.

3) Wie Winkelmann (no. 634, Anm.) dem gegenüber von „der
kaiserlichen, ihr Ziel verfehlenden Friedensstiftung in der Provence"
sprechen kann, ist nicht einzusehen: die Feindlichkeiten hatten aufgehört
(s. Papon T. II, 308); die eine Partei erschien 1234 beim Kaiser (s. u.)
mit ihren Truppen: das sind doch verhältnissmäßig sehr bedeutende Erfolge. Dem widerspricht doch nicht, dass man 1234 sich auch an Ludwig IX.
wendet; dessen „Friedensstiftung" fällt ja erst in's Jahr 1236 (Papon pr
no. 62 und 63).

länder — selbst nicht in den Zeiten des Interregnums, wo die Versuchung nahe lag — weist die Regierung dieses seltenen Herrschers auf; und so wurden die Bemühungen Friedrichs II., das Arelat fest an sich zu ziehen, durch das ausnahmsweise Glück begünstigt, dass kein französischer Nachbar dieselben durch seine entgegenarbeitende Politik paralysirte. — — —

Raimund-Berengar IV. hatte die Genugthuung, dass der junge König um die Hand seiner ältesten Tochter Margaretha anhielt. Da er die enorme Mitgift von 10,000 Mark Silber nicht sogleich aufbringen konnte, verpfändete er sein Schloss Tarascon und schwur[1]) dem Könige, dass er sich von Friedrich II.[2]) lettres patentes verschaffen wolle, welche diese Verpflichtung bestätigten; ein für die Autorität, die der Kaiser bei den Unterzeichnern des Vertrags genoss, sehr bezeichnender Akt.[3])

Im nächsten Jahre kam die Heirath seiner zweiten Tochter Eleonore mit König Heinrich III. von England zu Stande. — Auch im Innern bemühte er sich, friedlich seine Macht zu befestigen und das Verhältniss zu seinen Unterthanen und Lehnsmannen zu regeln, indem er sich mit ihnen genau über ihre Rechte, Abgaben[4]) und Contingente auseinandersetzte. Es war natürlich, dass er bei dieser Thätigkeit, die seine ganze Zeit in Anspruch nahm, durchaus keine Lust empfand, dem Befehl des Kaisers nachzukommen und jetzt mit seinem Contingent nach Italien zu ziehen, zumal er auch pekuniär immer in sehr bedrängter Lage war. —

Anders die Politik Raimunds VII. Sein Bestreben musste besonders dahin gehen, sein linksrhônisches Marquisat, das Venaissin, wieder in seinen Besitz zu bekommen, das noch immer in den Händen der Kirche war. Die Aussichten dazu schienen jetzt günstig: im Lande selbst hatte Raimund viele Freunde, der Kaiser und Ludwig IX. verwendeten sich für ihn beim Pabste und Gregor selbst zeigte sich

---

1) Sisteron, 30. April 1234. Teulet p. 656.

2) „Illustris domini nostri Friderici, dei gratia Rom. imperatoris semper Augusti."

3) Wie auch HB., Introd., richtig bemerkt.

4) Bei diesen spielt der Zug zum Kaiser eine große Rolle. Der Graf durfte eine Steuer erheben zu einmaligem Besuch des Kaisers sine armis (zur Belehnung), dann aber, so oft er, vom Kaiser gerufen, cum armis zu ihm zog. Die Steuer traf aber nicht den Vasallen, der selbst mit dem Grafen zog. (Urk. für Sisteron, Laplane Hist. de Sisteron 1, 447.

versöhnlich, indem er den Grafen sogar gegen die Uebergriffe der
südfranzösischen Prälaten in Schutz nahm. Aber, obwohl der Graf
durch die größte Strenge gegen die Ketzer dies Wohlwollen sich
zu erhalten und der Kirche jeden Zweifel an seiner Rechtgläubigkeit zu nehmen bemüht war, machte Gregor noch immer nicht
Miene, ihm das Venaissin herauszugeben.

Ludwig IX., dem der päbstliche Legat 1229 das Venaissin
übergeben hatte und der es im Namen der Kirche bewachen sollte,[1])
bat selbst den Pabst, er möchte es dem Grafen restituiren, ohne
eine befriedigendere Antwort zu erhalten,[2]) als Friedrich II. zwei
Jahre vorher und Raimund, den Gregor durch die leere Entschuldigung hinhielt, dass noch andere Personen auf das Land Ansprüche
erhoben hätten. Er hatte guten Grund, dasselbe nicht herauszugeben:
bei den einschneidenden Veränderungen, die er in diesem Jahre (1233)
in Südfrankreich durch die Einsetzung der Dominikanergerichte vor-
nahm — wodurch den Bischöfen die Gerichtsbarkeit über die Ketzer
entzogen wurde — hatte er die weltliche Machtstellung im Venaissin
sehr nöthig. Daher änderte er sein Verfahren auch dann nicht,
als Ludwig IX., den Raimund persönlich[3]) um erneuete Fürsprache
beim Pabst gebeten hatte, erklärte, er wolle das Land nicht länger
in seiner Obhut halten.[4]) Nun gab Gregor seinem Legaten Befehl,
das Land wieder selbst zu übernehmen und geeignete Beamte daselbst einzusetzen.[5]) — — —

Inzwischen war der Termin herangerückt, zu welchem der
Kaiser die Herren der Provence nach Italien bestellt hatte. Anders
wie der Graf von Provence, ergriff Raimund VII. diese Gelegenheit
mit Freuden; war doch die politische Constellation gerade damals
seinen Wünschen höchst günstig, indem sie es ihm ermöglichte,
durch militärische Unterstützung des Kaisers zugleich dem Pabste
einen großen Dienst zu leisten. Der letztere war von den rebellischen
Römern wiederum aus Rom vertrieben worden und hatte beim Kaiser,

---

1) 1229, 29. Dec. Teulet 165.

2) 1232, März. Papon II, 309.

3) März 1234 zu Lorris, wo er zugleich seinen Streit mit dem Grafen
von Provence dem Schiedsspruch Ludwigs IX. unterwirft; der Graf v. Prov.
hatte das Gleiche schon vorher (Febr. 1234) erklärt. Teulet 260, 261.

4) März 1234. Winkelmann 640 „terram ultra Rhodanum, quae
est in partibus imperii."

5) Vgl. Papon 310—311.

der ihn gegen seinen Sohn Heinrich gewinnen wollte, Schutz und Hilfe gefunden. Ihre beiden Heere vereinigten sich im Sommer 1234 im Kirchenstaat, wo der Graf von Toulouse mit seinem Contingent zu ihnen stieß. Obwohl er vor Allem als Vasall des Kaisers gekommen war, erschien er doch zugleich als Befehlshaber der päbstlichen Truppen, als wenn er zum Ersatz für den ihm anbefohlenen Kreuzzug nun dem Pabste auf diese Weise seinen Gehorsam bezeugen wollte. [1]) Gregor sprach ihn wahrscheinlich jetzt vom Banne los und willigte in die Restitution des Venaissin. [2]) Friedrich II. belehnte ihn dann damit im September zu Montefiascone, [3]) nachdem der Graf ihm das homagium geleistet hatte, und gab ihm alle Länder seiner Vorfahren im Reich zurück. [4])

Wenn Huillard meint, die Truppen Raimunds hätten wohl mehr aus rechtsrhönischen Leuten, als aus Provençalen bestanden, es sei daher das Manifest des Kaisers von 1232 ganz ohne Wirkung geblieben, so ist zu dieser Annahme gar kein Grund vorhanden. Im Gegentheil, wenn man berücksichtigt, wie gering damals Raimunds Macht in Languedoc war, wie eifrige und kriegerische Anhänger er dagegen in der Provence hatte — so die Herren von Baux, Sabran, Valentinois — so könnte man eher berechtigt sein, anzunehmen, dass in seinem Heere besonders Edle der Provence vertreten waren.

Am 8. October gelang es dann dem Grafen im Verein mit Gebhard von Arnstein den Römern eine empfindliche Niederlage beizubringen.

---

1) **Matthaeus Paris.** (ed. Wats 409): „exercitus summi Pontificis cui praeerat Comes Tolosanus, quaerens gratiam." Dies war aber nicht der ursprüngliche Zweck seines Kommens, wie **Schirmacher** es nach M. Paris annimmt.

2) Es ist hierfür kein Beweis vorhanden, man kann aber doch mit Vaissète (Excurs p. 584) annehmen, dass dies geschehen ist. Der Pabst würde doch sein Heer keinem Excommunicirten anvertraut haben, und Friedr. II., damals auf Seiten des Pabstes, hätte den Grafen nicht belehnt, wenn diesem das Land nicht vorher vom Pabste zugesichert wäre.

3) 1234. HB. IV, 485. „terram Venesinam, totamque aliam, quam in imperio sive in regno Arelat. et Vienn. idem comes tenere consuevit.

4) Damals bewilligte Friedr. II. auch wohl dem Rathgeber Raimunds, Ponce Astoaud, ein Zollrecht in dem Gebiete, das ihm der Graf gegeben hatte. HB. IV, 955 (Notiz zu 1232).

Trotz dieser Verdienste, die sich Raimund VII. um den Pabst erwarb, hielt es Letzterer dennoch für gut, noch ferner mit der Restitution des Venaissin zu zögern. Sein neuer Legat, Jean Bournin, Erzbischof von Vienne, hielt mit energischer Hand die päbstliche Autorität aufrecht und drohte Jedem mit dem Banne, der sich des Marquisats bemächtigen wollte. Raimund selbst wurde um diese Zeit beschuldigt, die Volksaufstände gegen die Inquisition an mehreren Orten Languedocs begünstigt zu haben und desshalb trotz seiner Proteste auf's Neue excommunicirt. [1]

Dies war der Grund, der ihn bewog, im Jahre 1235 mit vielen seiner Vasallen wiederum den Hof des Kaisers aufzusuchen und sich auf's Neue seinen Besitz bestätigen zu lassen. [2] Zugleich hoffte er, hier endgültig seinen Zwist mit dem Grafen von Provence beigelegt zu sehen. Denn auch dieser fühlte die Nothwendigkeit, jetzt endlich die so lange aufgeschobene persönliche Belehnung vom Kaiser einholen zu müssen; es schien gefährlich, denselben, der jetzt nach dem Reichstag zu Mainz (1235) mächtiger, als je, dastand, noch länger hinzuhalten. Im Dezember 1235 trafen beide Rivalen bei Friedrich II. in Hagenau ein. Hier erhielt Raimund-Berengar, vom Kaiser trotz der vorhergegangenen Misshelligkeiten sehr freundlich empfangen, feierlich den Rittergürtel und sein Fahnlehen. [3] Der Graf von Toulouse bekam eine wörtliche Bestätigung [4] seines Privilegs von 1234, d. h. nochmalige Belehnung mit der Markgrafschaft Provence, wofür er das homagium leistete. Diejenigen Herren des

---

1) 1235, August. Potthast 9982.

2) Papon (II, 312, ohne Quellenangabe) sagt, der Pabst habe als Entschuldigung für die Vorenthaltung des Venaissins angegeben, dass der Kaiser selbst dasselbe zurückverlange, und dass einige Herren desselben allein vom Reiche abhängig zu sein behaupteten. Dieses doppelte Spiel der Curie hat viel Wahrscheinliches; die folgenden Diplome bestätigen die Angabe ganz.

3) 8. Brief Friedrichs II. von 1239 (HB. V, 406); und Ann. Colonienses Max. (MS. XVII, 844), welche sich den späten Ritterschlag so erklären, dass bei den Grafen von Prov. der Glaube ging, sie würden nicht mehr lange leben, wenn sie Ritter geworden seien; jetzt aber hätten die Könige von Frankreich und England den Grafen dazu bewogen, endlich Ritter zu werden, da sie keinen Schwiegervater, der es nicht wäre, haben wollten; (übrigens war Raim.-Berengar noch nicht 40 Jahre alt, wie HB., Introd. 253, 2 sagt, sondern erst 37.)

4) Hagenau, Dez. 1235. HB., IV, 798.

Venaissins, die sich weigerten, ihn anzuerkennen, erklärte Friedrich II.[1] ausdrücklich für Vasallen Raimunds und befiehlt ihnen in einem besondern Schreiben, ihm zu schwören.[2]

In Raimunds Begleitung finden wir zwei mächtige arelatische Herren: den jungen Aimar von Valentinois[3] und Wilhelm von Sabran. Letzterer brachte bei Friedrich wieder die alte Streitfrage über den Besitz der Burg Pertuis vor, der nun schon dreißig Jahre lang Gegenstand des Kampfes zwischen ihm und dem Kloster Montmajour war. Doch fiel jetzt die Entscheidung des Kaisers ganz anders aus, wie bisher. Wilhelm bewies, dass er die Burg vom Reiche zu Lehen trage und dass dieselbe einst an das Kloster ohne Erlaubniss des Kaisers veräußert sei. Aus diesem Grunde erklärte Friedrich jene Uebertragung für ungiltig und dem Reiche schädlich und übergab die Burg wieder dem Grafen.[4] Diese auffallende Inconsequenz des Kaisers, der noch vor zehn Jahren die Ansprüche des Grafen zurückgewiesen hatte, war nicht geeignet, im Arelat Vertrauen zu seinem Richterspruch zu erwecken; es mochte scheinen, als gebe er dem Recht, der persönlich vor ihm erschiene. — — —

Noch ein anderes Diplom liegt aus Hagenau vor: eine Privilegien- und Schutzverbriefung für den Bischof von Viviers.[5] Es ist dies die letzte Vergabung des Kaisers an einen Lehnsträger rechts vom Rhône.

So hatte Friedrichs Politik einen neuen und glänzenden Erfolg zu verzeichnen: es war noch nie vorgekommen, dass vier so mächtige weltliche Große des Arelats persönlich beim Kaiser und in Deutschland die Belehnung eingeholt hatten.[6] Jedoch konnte sich der praktische Sinn Friedrichs II. nicht verhehlen, dass reelle Resultate für ihn im Arelat dadurch noch nicht gewonnen waren. Und

---

1) HB. IV, 800. Besonders den Bischof von Carpentras, dann die domini villae Insulae, castri de Interaquis, civitatis Carpentoratis, villae Caderossae etc.

2) HB. IV. 802. (Die Chronik bei Vaissète, III, pr. p. 107, führt als Schenkung noch fälschlich die Stadt Arles an).

3) Zeuge in den obigen Urkunden.

4) Hagenau, Dez. 1235. Winkelmann 337.

5) Hagenau, Januar 1236. HB. V, 805. „pensatis meritis episcopi, quem in honore ac servitiis nostris et imperii semper efficacem invenimus.

6) 1162 hatte zum letzten Male der Graf von Provence vom Kaiser persönlich (in Turin) die Belehnung erhalten.

die gleich darauf folgenden Ereignisse zeigten, dass selbst eine Einigung der beiden Widersacher in Hagenau ganz und gar nicht erreicht war.

Denn alsbald nach dem besprochenen Hoftage sehen wir den Krieg zwischen Beiden von Neuem heftig entbrennen. Versuchen wir es, die gerade in dieser Zeit höchst unsicheren Nachrichten einigermaßen zu ordnen.

Papon[1]) giebt uns eine Urkunde vom Anfang Januar 1236, worin der Erzbischof von Vienne, als päbstlicher Legat, mit Zustimmung vieler Prälaten, den Barral de Baux und Torello de Strata, Bürger von Pavia, excommunicirt, weil sie trotz des Verbots[2]) das Land Venaissin, das der Kirche gehöre, angegriffen hätten und mit Gewalt besetzt hielten.

So sehen wir schon, unmittelbar mit dem Zuge Raimunds zum Kaiser zusammenfallend, einen neuen Versuch, sein Land den Händen der Kirche zu entreißen. Barral de Baux war von ihm 1233 zum Seneschall des Venaissin ernannt worden. Wer aber ist Torello de Strata aus Pavia? 1222 finden wir ihn als Podesta von Arles;[3]) dann erscheint er wieder in obiger Urkunde (Januar 1236); am 12. August 1236 sitzt er aber im Hofgericht Friedrichs II. zu Trident,[4]) 1237 wird er zum Podesta von Avignon bestellt,[5]) und im Januar 1238[6]) dankt der Kaiser dieser Stadt, dass sie den Torello „de nostra familia" als ihren Rector provide aufgenommen hätte.

Es ist nun die Frage, ob Torello schon 1235 vom Kaiser abgesandt war,[7]) die Restitution des Venaissin durchzusetzen. Wir

---

1) II. pr. no. 61; vgl. HB. V, 160, n. 2.

2) Dieses ist — nach der Urk. — von Peter von Colmieu erlassen, der das Land 1235 für den Pabst wieder übernahm.

3) Anibert III, 25—26.

4) HB. IV, 900: Torellus de Papia.

5) Papon III, 537.

6) HB. V, 160.

7) Papon (II. T. 312) sagt: „Friedrich II. habe nach der zweiten Belehnung Raimunds (Dez. 1235) den Torellus ins Arelat geschickt, um den Grafen zu restituiren; Torellus hätte sich an die Spitze von Raimunds Truppen gestellt und sei deshalb gebannt." Diese Annahme ist unmöglich; denn wenn der Graf Dez. 1235 in Hagenau belehnt ist, kann der von hier abgesandte Torellus nicht schon Anfang Januar 1236 wegen eben dieser Sendung gebannt werden. Es bleiben also zwei Möglichkeiten: entweder

werden dies bejahen müssen. 1236 ist er „in der Familie" des Kaisers: sollte er nun nicht schon vorher zu ihm in Beziehung gestanden haben? Wozu sollte er, der 1235 doch nicht Podesta ist, nach der Provence gekommen sein, wenn nicht auf Geheiss des Kaisers; in welcher Eigenschaft sollte er die Occupations-Truppen Raimunds befehligt haben? Wir kommen also zu dem Schlusse, dass Friedrich II. im Laufe des Jahres 1235 — wahrscheinlich gegen den Pabst aufgebracht, der trotz seines Versprechens noch immer nicht das Venaissin herausgeben wollte — einen Bevollmächtigten aus seinem Rathe, Torello aus Pavia, nach der Provence geschickt hatte, der dann in Verbindung mit Truppen Raimunds das Venaissin besetzte und desshalb vom Legaten gebannt wurde. Wir haben es also hier mit einem ähnlichen Falle zu thun, wie 1233: wie Guallia ist auch Torello „de mandato imperatoris" nach der Provence gesandt, von wo er nach Beendigung seines Geschäftes zum Kaiser zurükkehrt. [1]

Dass er seinen Auftrag durchgeführt hat, zeigen die Erfolge Raimunds in der nächsten Zeit: trotz der kirchlichen Opposition, die sich immer wieder gegen ihn erhob, blieb er von nun an im Besitz seines Erblandes Venaissin; gestützt auf die Privilegien des Kaisers, gelang es ihm auch in der Folge, die Huldigung der ihm zu Vasallen Gegebenen durchzusetzen. 1236 leisteten die Herren von Caderousse, [2] 1237 die der Stadt L'Isle, [3] 1239 endlich auch der Bischof von Carpentras[4] ihm den Eid; auch seine älteren Vasallen blieben ihm treu: 1237 belehnt er Wilhelm von Sabran, Raimund von Baux, [5] 1239 Aimar von Valence[6] mit Gütern in seinen Gebieten. Vor

---

ist obige Urkunde nicht zu 1236, sondern zu Jan. 1237 zu datiren, oder Torellus ist schon im Laufe des Jahres 1235 im Venaissin für Raimund thätig gewesen. Für letzteres wird man sich entscheiden müssen, denn 1) ist die Drohung mit dem Banne gegen die Usurpatoren 1235 ausgesprochen, d. h. als man merkte, dass ein Versuch im Werke war; 2) leisten 1236 schon viele der venaissinischen Herren an Raimund den Vasallen-Eid, also war damals das Land schon erobert.

1) c. Mitte des Jahres 1236, s. o. S. 86, n. 4.

2) 1236, Juli. Vaissète pr. n. 219. Raimundus, in quem Fred. Imp. dominos Caderossae contulit in Vasallos. Teulet S. 319.

3) 1237, Mai. Bouche l. c. II. 1066 T.

4) 1239 Vaissète pr. n. 226. Teulet 406.

5) Ibid. n. 222. Bund gegen Jedermann, mit Ausnahme des Kaisers.

6) Ibid. n. 226. Teulet 403.

Allem aber hatte er die kräftigste Stütze an den Communen von Marseille und Avignon. Wir sahen, wie die erstere Stadt 1230 sich
dem Grafen auf Lebenszeit übergeben hatte. Die Herrschaft Raimunds war nicht drückend; er begnügte sich, in jedem Jahre einen
Viguier einzusetzen, der sein Interesse wahrnahm und die Jurisdiction
ausübte; im Uebrigen gab er der Commune ausgedehnte Handelsvortheile,[1] beunruhigte Arles, die Rivalin von Marseille, und schützte
letzteres vor den Angriffen des Grafen von Provence, der die Hoffnung, die Stadt in seine Gewalt zu bringen, nicht aufgegeben hatte.
In gleicher Weise wusste sich Raimund VII. mit Avignon, dessen
Gebiet ja von dem seinigen eingeschlossen wurde, auf guten Fuß
zu stellen. Hier wirkten vor Allem die religiösen Interessen, die
gemeinsamen Leiden im Ketzerkrieg auf das Verhältniss der Stadt
zum Grafen ein; auch hier herrschte das Bestreben, die weltliche
Herrschaft des Pabstes im Venaissin abzuschütteln und die Schäden
der Belagerung von 1226 zu repariren: dazu bot Raimund gern seine
Hand. 1236[2] bestätigte er, dass sein Seneschall Barral de Baux
der Commune[3] von Avignon auf seinen Befehl ihre Freiheit wieder-
gegeben habe, wie es ihre Verdienste erheischten.

Im Ganzen also hatte die Coalition des Grafen mit Marseille
und Avignon und den kleineren Baronen, wie sie sich 1229 gebildet
hatte, ihren festen Bestand bewährt; es war ihr gelungen, der Gegen-
partei des Grafen von Provence und der Stadt Arles gegenüber bedeutende Vortheile zu erlangen; vor Allem hatte Raimund VII.,
der Kirche zum Trotz, seine linksrhônischen Lande endlich doch
wieder in Besitz genommen. Auch in den folgenden Jahren, die
uns nun hauptsächlich beschäftigen werden, erhielten sich diese beiden Coalitionen, und es lag in der Natur derselben, dass in dem
Kampf zwischen Kaiser und Pabst, der im Arelat ebenfalls heftig
ausgekämpft werden sollte, nun bald der Graf von Toulouse mit
seinen Alliirten für Friedrich II., der Graf von Provence und die
Stadt Arles für den Pabst Partei nahm. — — —

Im April 1236 wurde eine neue Friedensstiftung zwischen den
Gegnern versucht, diesmal von den Königen von Frankreich und
von Aragon. Der erstere schickte einen Gesandten zu ihnen, der

---

1) Méry et Grinlon l. c. I, 416.
2) Aug. 1236. Vaisséte III. pr. 221.
3) „militibus, probis hominibus et universitati.“

ihnen befahl, sich in Person vor dem Könige zur Entscheidung ihres
Streits einzufinden;[1]) bis dahin wurde eine neue Treuga vereinbart
und eine Commission eingesetzt, welche den Schaden, den sich die
Gegner in der Zeit der früheren, durch den Kaiser und Ludwig IX. fest-
gesetzten Treugae, zugefügt hatten, abschätzen und ausgleichen sollte.[2])
Doch auch diese Bemühungen konnten nicht zum Ziele führen, weil
beide Grafen nicht daran dachten, ihre alten Bestrebungen aufzugeben: so schloss Raimund VII. gerade zur Zeit der Friedensver-
mittelung mit Wilhelm von Signe ein Bündniss gegen den Grafen
von Provence,[3]) wohingegen letzterer seine Absicht, Marseille zu
gewinnen, nicht aufgab. Durch den ihm ganz ergebenen Bischof
Benno liess er der Stadt Anerbietungen machen, dahin gehend, dass
er ihr die republikanische Verfassung gegen das Zugeständniss einiger
Regalien und einer jährlichen Summe lassen wolle. Die Stadt wies
dies zurück; als Raimund-Berengar nun 1237 mit Waffenmacht vor
die Stadt rückte, vertheidigte sie sich, von Raimund VII. unterstützt,
sehr tapfer, so dass jener nach drei Monaten die Belagerung auf-
heben musste.[4]) — — —

Während sich hier so der Gegensatz zwischen den Grafen immer mehr zuspitzte, je mächtiger sich Raimund VII. wieder in der
Provence festsetzte, that auch der Pabst energische Schritte, das
Aufkommen dieses rastlosen Fürsten zu hindern. Kaum ist jemals
ein Mensch so oft von dem Bannstrahle der Kirche getroffen worden,
wie Raimund, so sehr er sich auch bemühte, den Befehlen der Kirche
in allen religiösen Dingen nachzukommen! Hatte Gregor ihn noch
1234 gegen seine' übereifrigen Legaten in Schutz genommen,[5]) so
kann er ihm jetzt die eigenmächtige Occupation des Venaissin nicht
vergessen. Im April 1236 tadelt er den Grafen heftig, quod pacem
de defensione christianorum violaverit,[6]) und fordert ihn dringend

---

1) Mai 1236. Papon II. n. 62.

2) Ibid. 63 und 64; „trengae datae per Imperatorem (d. h. zu Hagenau
1235) et Regem Franciae.

3) Mai 1236. Méry I, 426.

4) Vgl. Papon T. 320. Doch setzt er den Angriff zu 1236, während
Fabre (Hist. de Marsaille I, 363 f.) ihn zu 1237 nimmt; für letzteres Jahr
giebt der Brief Gregors an R. VII. (Teulet 339) vom 18. Mai 1237 den
Ausschlag.

5) Potthast 9365.

6) Ibid. 10150—10152.

zu dem gelobten Kreuzzug auf; seinem Legaten schreibt er über die facinora des Grafen und befiehlt, ihn auf's Neue zu bannen, wenn er den Kreuzzug nicht anträte. Furchtbarer als dieses war die Macht der Inquisition, die sich in seinen Ländern immer mehr ausbreitete und ihn selbst unaufhörlich anfeindete.

Wie sehr Gregor IX. auch auf den Kaiser wegen der Unterstützung Raimunds zürnte, zeigt seine Beschwerdeschrift vom Sommer 1236, worin er sich u. A. beklagt, dass Friedrich II. mit dem Grafen, obwohl dieser im Kirchenbann gewesen war, in Verbindung getreten sei.[1] Der Kaiser erwidert hierauf,[2] Raimund habe ihm nur das schuldige servicium geleistet, und er sehe nicht ein, warum ein Gebannter nun das Vorrecht habe, von der schuldigen Dienstleistung frei zu sein; worauf dann wieder Gregor betont,[3] dass die Berührung mit einem Excommunicirten das Seelenheil gefährde. —

Es ist aber bei diesen Verhandlungen bezeichnend, — und wir schließen daraus, dass Raimund sich auch im formellen Recht befand, — dass der Pabst ihm niemals die Occupation des Venaissin ausdrücklich zum Vorwurf macht.[4] Dem fait accompli gegenüber unterließ er weitere Einsprache, weil er nicht im Stande war, derselben reellen Nachdruck zu verleihen: es war jetzt nicht mehr möglich, die Excommunication gegen den Grafen, der die Inquisition nach Kräften förderte und den Schutz Friedrichs II. und Ludwigs IX. genoss, wie 1226 durch einen Kreuzzug vollstrecken zu lassen und dadurch das Venaissin der Kirche zurückzuerobern.[5] So musste sich Gregor begnügen, auch ferner gegen Raimund, gegen den Kaiser und dessen Beamte im Arelat mit Strafsentenzen vorzugehen. Während er noch im Februar 1237, auf Fürsprache Ludwigs IX., dem Grafen einen Aufschub bewilligt hatte,[6] drängte er ihn im Mai

---

1) d. h. bei der Belehnung zu Hagenau. Fälschlich folgert Vaissète (T. 409) hieraus, dass R. VII. im Frühjahr 1236 wiederum beim Kaiser gewesen sei. Er vergisst, dass R. auch schon Dez. 1235 im Banne war (s. Potthast 9982 und Vaissète selbst T. 404.)

2) 20. Sept. 1236, Mantua. HB. IV, 912.

3) 23. Oct. Reate. HB. IV, 911.

4) So beklagt er sich z. B darüber, dass R. die Salzsteuer, auf die sein Vater verzichtet hätte, auf's Neue erhöbe: also giebt er doch zu, dass R. sonst — als Herr des Landes — wohl das Recht dazu hätte. S. Teulet 340.

5) Vgl. Papon II, 313.

6) Potthast 10295, Hahn l. c. 372.

auf's Neue zum Kreuzzug und verbot ihm, die Stadt Marseille in ihrer Rebellion gegen den Grafen von Provence, dem sie gehöre, zu unterstützen.[1]) So stellte sich der Pabst offen auf Seite des letzteren, trotzdem dieser ohne Ursache Marseille angegriffen hatte. Aber man musste sich diesen Fürsten, der schon immer ein eifriger Diener der Kirche gewesen war, nebst seinem ihm ganz ergebenen Anhang, dem Erzbischof von Arles und dem Bischof von Marseille, durch Parteinahme gegen Raimund VII. und die Communen auch ferner für den Kampf mit dem Kaiser gewinnen und verbinden. — —

Das Jahr 1237 bezeichnet einen weitern Fortschritt in der Festigung der Beziehungen zwischen dem Kaiser und dem Arelat. Zu gleicher Zeit[2]) schickte der erstere zwei Männer aus seiner nächsten Umgebung nach der Provence, um die Interessen des Reichs zu vertreten. Der eine, Torello de Strata, der schon einmal die Angelegenheiten einer arelatischen Commune geleitet,[3]) dann sich 1235 unter Raimund VII. bewährt hatte, war dazu ausersehen, an die Spitze der Stadt Avignon zu treten; der Kaiser, der jetzt zum ersten Male auch im Arelat den Podesta selbst einsetzte,[4]) konnte erwarten, dass dieser Mann vor Allen der Commune Avignon, die sich immer mehr zur festen Burg der kaiserlichen Sache in der Provence ausbildete, genehm sein würde.

Der andere Heinrich von Revello, Seneschall des Kaisers,[5]) hatte ein weiterreichendes Amt. Er ist der erste, der vom Kaiser selbst als „Vicarius regni Arelatensis" bezeichnet wird. Leider wissen wir von seiner Wirksamkeit äußerst wenig. Aus dem Schreiben Friedrichs von 1238 ersehen wir, dass er in Avignon mit allen Ehren aufgenommen wurde und dass sein Geschäft ihn auch zu den anderen Großen des Arelats führte.[6]) Hauptsächlich aber hat

---

1) 1237, 18. Mai. Viterbo Teulet 339.

2) Da der Podesta in Avignon gewöhnlich Ostern sein Amt antrat, der Brief Gregors (s. u.) an H. v. Revello vom Anfang August ist, so werden wohl beide gegen das Frühjahr 1237 in die Prov. gekommen sein.

3) 1222 in Arles.

4) S. HB. V, 160 und oben S. 70, n. 5. Wir haben keine Berechtigung, schon früher einen solchen Fall anzunehmen; auch in Italien kommt die kaiserl. Einsetzung erst um diese Zeit in Gebrauch.

5) Als solcher Zeuge schon 1232 in Urk. für Château-Calon HB. IV, 370. Er ist sicilischer Seneschall, nicht arelatischer, wie man vielleicht aus dem Briefe des Pabstes (s. u.) („senesc. imperialis in Prov.") schließen könnte.

6) HB. V, 160.

er es mit dem Erzbischof von Arles zu thun gehabt, dessen damaliges Verhältniss zur Commune Arles ein Eingreifen der kaiserlichen Autorität dringend nothwendig gemacht hatte.

Arles war seit 1234 der Schauplatz heftiger Umwälzungen gewesen,[1] welche auch für das Reich von Bedeutung werden mussten, zumal die Macht des Erzbischofs, der doch zugleich Stellvertreter des Kaisers war, durch dieselben wesentliche Einbuße erlitt.

Es ist von Anibert richtig bemerkt, dass die Verquickung vieler so verschiedener Eigenschaften, wie sie in der Person des Erzbischofs von Arles vereinigt waren, auf die Dauer nicht durchzuführen war. Er war zugleich geistlicher Oberhirte, Inhaber temporeller Rechte über einzelne Theile und Klassen der Stadt, oberster Beamter der Commune, selbst dem Podesta gegenüber, endlich kaiserlicher Vicar; eine Vermischung aller dieser Rechte lag zu nahe, als dass sie nicht oft — zum Schaden und Aerger der Commune — hätte versucht werden können; vor Allem war Jean Baussan nicht der geeignete Mann dazu, durch maßvolle Ausübung die Gefahren dieser Vereinigung von Rechten zu vermeiden. Da die Institution des Podesta hierin nichts besserte, zumal der Podesta dem Erzbischof ganz ergeben war, bildeten sich in der Commune Vereinigungen, Confratriae genannt, die eine Neuordnung der Dinge bezweckten. Wie sehr der Erzbischof diese schon fürchtete, zeigen die Beschlüsse des Provincialconcils von 1234 zu Arles.[2] Unter dem Titel von Canones werden hier meistens Beschlüsse zum Schutz der weltlichen Rechte des Erzbischofs gefasst, als deren Quell die kaiserlichen Privilegien, besonders das von Konrad III. (1147) verliehene, das „Jedermann in Händen haben soll", betrachtet werden.[3] Dann werden die Zölle und der schon so lange währende Testamentsstreit geregelt und endlich alle Confratriae bei Strafe des Anathems verboten.

In demselben Jahre schloss Jean Baussan einen Vertrag mit dem Podesta, aus dem wir die Bestimmung hervorheben, dass alle Einnahmen der Stadt aus Rechten, Zöllen u. s. w. zwischen dem Erzbischof und der Commune getheilt werden sollten. Es war dies — allerdings nur formell, denn reelle Einnahmen hatte das Reich nie

---

1) Vgl. über das Folgende Anibert III, 79—110 c.

2) Labbe Concilia XI, 2330.

3) „Quorum (sc. imperatorum) transscriptum, vel saltem privilegii Colradi, unusquisque habeat et transcribat.

gehabt — eine starke Beeinträchtigung der kaiserlichen Rechte, welche immer die Hälfte der Einnahmen dem kaiserlichen Fiscus zugewiesen hatten. Dann gestand der Erzbischof freie Testamentsverfügung zu, entgegen den Beschlüssen des Concils, welches die Anwesenheit eines Geistlichen verordnet hatte.[1])

Doch diese Concessionen konnten den Ausbruch der Revolution nicht verhindern, deren unmittelbare Veranlassung übrigens nicht bekannt ist. Als der Podesta sich auf die Seite des Erzbischofs stellte, griff man zur Selbsthilfe, vertrieb Jean Baussan und die Canoniker, belegte ihre Güter mit Beschlag, entwaffnete die Partei des Podesta und organisirte sich nun unter dem Namen der „Brüderschaft von Arles;" an der Spitze standen Baillifs, welche bald die radikalsten Verordnungen erließen, mit denen sie gänzliche Beseitigung des kirchlichen Regiments bezweckten; sie schafften alle Kirchenabgaben ab und führten die Civil-Ehe ein;[2]) für 1236 wurden dann zwölf Consuln gewählt.

Jean Baussan erließ von der Reichsfeste Salon, wohin er sich geflüchtet hatte, gegen die Confratria den Kirchenbann. Dies, aber mehr noch seine Nachgiebigkeit hatte zur Folge, dass schon im Juni 1236 eine Einigung zu Stande kam. Jean kehrte in die Stadt zurück, wo die Häupter der Brüderschaft ihre vollständige Unterwerfung und Reue aussprachen und ihr Amt niederlegten.[3]) Die weiteren Akte aber zeigen, dass die Macht der Confratria keineswegs beseitigt war. Statt eines Podesta setzte der Erzbischof „auf Bitten vieler Personen" die zwölf Consuln der Revolution wieder ein und gab ihnen noch drei Mitglieder der Brüderschaft an die Seite, denen er Jurisdiction und selbst Vollmacht in der „Burg," d. h. seinem eigenen Theile der Stadt einräumte.

Lange hielten sich diese neuen Magistrate nicht; die vornehmeren Bürger[4]) setzten es durch, dass für das nächste Jahr (1237) die Wiederwahl eines Podesta beschlossen wurde. Zuvor gab man den Consuln zwölf neue Beisitzer und diese schworen im Februar 1237,

---

1) **Anibert** 81 ff.

2) Et plures alii ceperunt uxores, contra expressam prohibitionem Ecclesie, per manus Laycorum.

Alle diese Angaben sind aus einer Aufnahme, welche die Arler Kirche 1238 über die Unruhen veranstalten ließ.

3) **Papon** II. pr. no. 65 und 66.

4) „Milites" im Gegensatz zu den niederen „probi homines."

dem Podesta den gebräuchlichen Eid leisten und ferner „mit allen
Kräften Verhandlungen verhindern zu wollen, welche die Ueber-
tragung der Herrschaft der Burg und Stadt Arles an eine fremde
Gewalt bezweckten." [1])

Es ist nicht ganz klar, was mit diesen Worten gemeint ist;
jedenfalls sieht man hierin mit Recht [2]) den Anfang jener Intriguen,
welche zwei Jahre später die Stadt dem Grafen von Provence in
die Hände spielten. Wir können nicht entscheiden, ob die Geschlechter der Stadt, durch die Brüderschaft bedrängt, oder Jean
Baussan selbst mit Raimund-Berengar conspirirte; gewiss aber war
der Erzbischof, der ja ganz eng mit letzterem liirt war, nicht der
Mann dazu, solchen Intriguen mit Erfolg zu widerstehen; sein Charakter macht überall auf uns den Eindruck der grössten Schwäche,
wenn es ihm auch nicht an Klugheit fehlte: so gab er immer dem
nach, der gerade die Gewalt in Händen hatte. — — —

Wir haben diese Vorgänge ausführlich betrachtet, weil wir
ohne sie nicht die nun folgenden Anordnungen Friedrichs II. verstehen können. Der Kaiser, der sich nun schon so lange bemühte,
das Arelat in eine feste Verbindung mit seiner Regierung zu bringen, musste sich fragen, ob Jean Baussan noch der geeignete Mann
sei, das Reichsvicariat, das sein Vorgänger so verständig verwaltet
hatte, im Sinne der kaiserlichen Souveränetät auszuüben. An und
für sich konnte es ihm nicht mehr passend erscheinen, dass, während überall sonst in seinem Reiche Beamte seiner Wahl als Vicare
die Provinzen zum wirklichen Nutzen seiner Regierung verwalteten,
hier im Arelat allein ein hoher Kirchenfürst kraft alter Privilegien
diese Stellvertretung besaß, die aber mit jenen wenig gemein
hatte. Vor Allem jetzt, wo ein Mann die Interessen des Reichs
wahrnehmen sollte, der seit lange Anhänger der antikaiserlichen
Partei, zudem ein Schwächling war, der sich der Noth der Zeit
keineswegs gewachsen zeigte, musste der Kaiser daran denken, diesem
Zustand, der seinem Wunsche, die Provence für seine Sache zu gewinnen, so wenig entsprach, ein Ende zu machen.

Erwägt man dies Alles, so wird man den Brief des Pabstes
Gregor IX. verstehen, den er im August 1237 [3]) an Heinrich von

---

1) Anibert III, 95 unten.
2) Anibert 96.
3) Viterbo. HB. V, 107.

Revello, den Seneschall des Kaisers, richtete und worin er diesem
befiehlt, von der Verfolgung des Erzbischofs und der Belästigung
der Kirche und ihrer Länder abzustehn,[1] die er cum quibusdam
aliis betreibe; der Bischof von Nismes, der ihm den Brief über-
brachte, war angewiesen, ihn, bei Ungehorsam, in den Bann zu thun.
Gewiss also hat Heinrich in Arles Schritte gethan, über die sich
Jean Baussan beim Pabste beschwert hat. Welcher Art diese gewesen sind, können wir nur vermuthen; wahrscheinlich sollte er
den Umtrieben, welche die Stadt Arles dem Grafen von Provence
zu überliefern bezweckten, entgegentreten, die Parteien mit einander
aussöhnen, die temporelle Herrschaft, die der Erzbischof Preis gegeben hatte, an sich nehmen und die kaiserliche Autorität wieder
zur Geltung bringen. Daraus aber, dass Friedrich II. 1238 den
Heinrich von Revello „vicarius des Arelats" nennt, während er im
September desselben Jahres in der Urkunde[2] für den Erzbischof
nichts mehr von dessen alten Vicariats-Rechten sagt, kann man
wohl entnehmen, dass Jean Baussau 1237 des Vicariats ent-
setzt, und analog der Praxis, die in Italien um dieselbe Zeit
häufig wird, ein weltlicher Beamter zum Statthalter des Arelats
bestellt worden ist. Hierdurch würde auch erklärt sein, warum
Revello zuerst den Titel „vicarius" führt und unsere frühere Annahme gerechtfertigt, dass allen Vorhergegangenen, die der Kaiser
in's Arelat geschickt hat, dieser Titel durchaus nicht zukommt.

Wie sich Revello dem Befehle des Pabstes gegenüber verhalten
hat, überhaupt über seine fernere Wirksamkeit wissen wir nichts
mehr.[3] Die Unruhen in Arles hörten jedoch nicht auf. Im De-
cember 1237 erhielt der Bischof Vollmacht und Beistand aus beiden
Ständen, um den Frieden zwischen den Parteien zu Stande zu bringen; dies gelang ihm auch schon sechs Tage später.[4] 37 Bürger schworen, von nun an die Wiederkehr der Unruhen verhindern
und dem Erzbischof und dem Podesta in der Unterdrückung derselben beistehen zu wollen. Auch der obige Passus von der Uebertragung der städtischen Signorie an einen andern Herrn findet
sich wieder in diesem Vertrag. — Auch jetzt kam die aufgeregte

---

1) „In nullo praesumas offendere statum ecclesiasticae libertatis."

2) HB. V, 226.

3) Er erscheint später wieder HB. VI, 638; 1248.

4) 24. Dez. 1237. Anibert 102.

Stadt nicht zur Ruhe. Im Frühjahr 1238 finden wir die Confratrie auf's Neue unter sechszehn Baillifs organisirt; von der Berufung eines Podesta wurde wieder abgesehen. Damals war es, als Jean Baussan, der sich auch von äusseren Feinden bedroht sah, — so hatte ihm der unruhige Raimund VII. das reichslehnbare Castell Mornatium entrissen[3]) — persönlich beim Kaiser Schutz suchte. — — —

Wir sind somit zum Jahre 1238 gelangt, welches in mehr als einer Beziehung gerade für unsere Aufgabe von großer Bedeutung ist; es ist, um es kurz zu sagen, das Jahr — in dem ganzen Zeitraum der Zugehörigkeit des Arelats zum Reich, — in welchem der deutsche Kaiser daselbst die größte Macht ausgeübt hat. Dies hatte Friedrich II. zum Theil durch die immer angelegentlicheren Bemühungen, seine Souveränetät in der Provence zu heben, erreicht; zum Theil war es aber auch das natürliche Resultat der Erfolge, die er damals dem Pabst und den Lombarden gegenüber errungen hatte. Im November 1237 waren die letzteren bei Cortenuova total geschlagen worden, schon vorher war die Rebellion in Deutschland erstickt: Friedrichs Macht stand auf ihrem Höhepunkte; aber ebenso auch seine politische Capacität und seine administrativen Talente. Gerade damals gewinnt seine Verwaltung sehr bedeutend an Ausdehnung.[1]) Ueberall werden ständige General-Capitäne oder Vicare[2]) eingesetzt; was früher Ausnahme war, dass der Kaiser den italienischen Städten — freundlichen, wie feindlichen — ihre Podestas giebt, wird nun überall Regel. Und ganz dasselbe wiederholt sich im Arelat. Friedrich II. zieht es vollständig in den Kreis der italienischen Verwaltung; er versucht auch hier regelmäßig, Vicare für das ganze Gebiet und Podestas für die bedeutenderen Communen einzusetzen; er bemüht sich, aus dem Arelat Leistungen an Truppen und Geld zu erlangen. Daneben gelingt es ihm, nun auch mehr

---

3) Zu dessen Herausgabe der Pabst ihn (Januar 1238) auffordern lässt, bei Strafe der Excommunication. Teulet 362.

1) Vgl. Ficker Forschungen §. 400 ff.

2) Ficker (ibid. §. 402, 3) meint sogar, dass dieser letztere Titel zuerst im Arelat für den Legaten oder Statthalter entstanden und dann erst auf die ital. übertragen sei; dies würde nur meine Ansicht von der Ersetzung des Erzbischofs von Arles durch Revello bestätigen; denn da ersterer früher vicarius genannt wurde (s. o. S. 74) ist dieser Titel nun auf seinen Nachfolger übergegangen; und dadurch erklärt es sich dann, warum diese Statthalter gerade hier den Titel „vicarius" erhalten.

in den nördlicheren Gebieten festen Fuß zu fassen und deren Herren, seit lange dem Reiche ganz entfremdet, wieder an sich zu ziehen.

Unterstützt wurde er in diesen Bestrebungen durch die Waffenruhe, die, wie die Stille vor dem Gewitter, dem Ausbruch des Krieges von 1239 und 1240 voranging. Die beiden Rivalen der Provence schienen der langen Fehde überdrüssig geworden; sie fahren fort, ihre Macht umsichtig zu consolidiren.[1] Wie Raimund 1237 die Huldigungen der kleinen Barone und der anderen ihm vom Kaiser zuertheilten Vasallen,[2] so nahm der Graf von Provence 1238[3] die der Kirchenfürsten in Empfang; zu Aix leisteten ihm die Erzbischöfe von Arles und Aix und die Bischöfe von Digne, Toulon, Fréjus, Antibes, wie auch der Abt von St. Victor in Marseille das hominium. So weit war es also gekommen, dass der vornehmste Reichsfürst, der Stellvertreter des Kaisers, freiwillig seine Reichsunmittelbarkeit aufgab: Jean Baussan hatte damit seine Vicarsrechte endgültig verwirkt. Deutlich sieht man aber, wie Raimund-Berengar immer mehr die Sympathie des Clerus, der Graf von Toulouse die der weltlichen Herren und Communen erringt. — Als wollten sie aber den Frieden nun endgültig sichern, versuchen es jetzt Beide, sich den ihnen bis dahin fern oder feindlich gegenüberstehenden Gewalten zu nähern: der Graf von Provence und der Erzbischof von Arles ziehen nach Italien zum Kaiser, Raimund VII. dagegen macht aufrichtige Anstrengungen, sich endlich wieder mit der Kirche auszusöhnen. Diesmal fand er bei Gregor IX. mehr Entgegenkommen, als früher; trotz des Einspruches des Legaten Johann von Vienne erlaubte er[4] es, dass Raimund nach Rom Gesandte schickte, um über die Absolution und den Aufschub des Kreuzzuges zu verhandeln. War es nun die erneuete Fürsprache Ludwigs IX. oder der Wunsch des Pabstes, Raimund zu gewinnen und vom Kaiser zu trennen   im August 1238 befahl Gregor seinem neuen Legaten, dem Bischof

---

1) Wie sehr Raimund-Berengars Minister Roméé de Villeneuve zur Festigung der Macht seines Herrn — bes. in finanzieller Hinsicht — beitrug, ist öfters hervorgehoben (Papon 322 f); dass aber ebenso Raimund von Toulouse seinem lanjährigen Kanzler Ponce Astoaud (juris peritus) viel zu verdanken hat, geht aus den Urkunden deutlich hervor.

2) S. o. S. 87.

3) Bouche l. c. II, 241; (April).

4) Potthast 10598. Vaissète 412, 414.

von Sora, den Grafen vom Banne und von der Verpflichtung zum Kreuzzuge zu absolviren. [1] — — —

So war im Arelat nach langer Zeit ein friedlicher Zustand hergestellt: was Friedrich II. 1233 durch Guallia de Gorzano angestrebt hatte, ein Stillstand zwischen den feindlichen Mächten, war erreicht; er konnte nun daran denken, auch den zweiten Theil seiner damaligen Absicht, die Heranziehung der arelatischen Contingente, zur Ausführung zu bringen.

Kurz nach der Schlacht bei Cortenuova, im Januar 1238, richtete der Kaiser von Pavia aus zwei Briefe an die Commune von Avignon. In dem ersten [2] bewilligt er derselben auf ihre Bitten, zum Dank für ihre Dienste, einen Zoll in angegebener Größe, den sie zur Wiederherstellung ihrer Befestigungen zu erheben beschlossen hatte; denn er meint, dass die neuen Festungswerke zur Wohlfahrt der Stadt dienen würden. In dem zweiten Diplom [3] dankt er den Bürgern der Stadt zuerst für die Liebe, mit der sie den Vicar Heinrich de Revello empfangen und seinen Getreuen Torello de Strata zu ihrem Podesta genommen hätten. „Er wolle ihnen dafür vergelten, und in dem Bestreben, ihnen Heilsames zu ersinnen, hätte er beschlossen, die Last ihrer Regierung auf sich zu nehmen; er will seine Kräfte ihrem Nutzen weihen und sie sorglich und gut beherrschen. Es sei kein Ehrgeiz, der ihn, den Herrn fast des ganzen Erdkreises, dazu bewege, sich einer einzigen Stadt anzunehmen, sondern allein seine Sorge, wie er Treue und Anhänglichkeit nach Verdienst belohne."

Dies wichtige Schreiben bezeichnet den Beginn einer veränderten Politik des Kaisers. Bis dahin war es Grundsatz der Kaiser gewesen sich im Arelat auf die Macht des Clerus zu stützen; sie gaben diesem daher die ausgedehntesten Rechte den Communen gegenüber und begünstigten ihn weit vor dem weltlichen Adel; hierdurch größtentheils war es dem Clerus gelungen, sich gegen die wachsende Macht der anderen Stände zu behaupten und eine imposante Macht in Händen zu behalten, wie sie den italienischen Bischöfen schon lange verloren gegangen war. Es war dann die natürliche Folge davon, dass sie diese vom Kaiser privilegirte Gewalt auch in seinem

---

1) August 1238. Teulet 386.

2) HB. V, 158.

3) HB. V, 160.

Interesse ausübten; wie wir denn im Laufe unserer Darstellung Männern, wie Amadeus von Bisanz, Aimo von Tarentaise, Hugo von Arles begegnet sind, welche die Vortheile des Reichs zu wahren stets für ihre oberste Pflicht hielten. Doch in dem letzten Jahrzehnt hatte sich dies geändert; immermehr hatte auch hier der Einfluss der Curie, gegen den man sich früher noch gewehrt hatte, zugenommen; religiöse Gründe hatten einen immer heftigern Gegensatz zum Kaiser herbeigeführt, auf dessen Seite der verhasste Graf von Toulouse und die ketzerischen Communen standen. Von den beiden mächtigsten Prälaten war der eine, Johann von Vienne, lange Zeit als Legat der strenge Vollstrecker der päbstlichen Strafen, der andere, Johann von Arles, immer mehr Creatur des Grafen von Provence, als Vicar des Reichs gewesen; die anderen Bischöfe aber sehen wir ganz dem Willen des Pabstes und Raimund-Berengars ergeben; konnten diese sie doch allein gegen ihre Communen schützen. Fühlte sich Friedrich II. so vom Clerus des Arelats verlassen, so sah er seinerseits auch keine Veranlassung mehr, ihn zu schützen und, wie früher, strenge Verbote gegen die Communen zu erlassen. Letztere hatten sich ihm so oft treu erwiesen, warum sollte er sie nicht unterstützen und belohnen? So inaugurirt er nun eine neue Politik, in der er die Städte der Bischofsgewalt entzieht und sie ähnlich, wie die deutschen Reichsstädte, nur vom Reiche abhängig macht, um sie durch diese Freiheiten ganz für sein Interesse zu gewinnen. Wie dies im Einzelnen durchgeführt wurde, ist schwer zu sehen; der Kaiser beschränkte sich wohl darauf, wie in den königlichen Pfalzstädten Deutschlands den Schultheiß, so hier den Podesta nach eigenem Ermessen einzusetzen; allerdings dies nur in den größeren Communen; über die kleineren, die man in der nächsten Zeit zur Reichsunmittelbarkeit zu erheben versuchte, führte dann wohl nur der kaiserliche General-Vicar die Oberaufsicht. — — —

Der neue Podesta des Jahres 1238 in Avignon, den Friedrich II. gesandt hatte, war Percival Doria.[1]) Aus einer jener genuesischen Familien stammend, welche auch jetzt, da Genua sich empört hatte, dem Kaiser treu blieben, war er seit langer Zeit im Arelat — auch als berühmter Troubadour — beliebt und erprobt; 1231 in Arles, 1223, dann wieder 1232—34 in Avignon als Podesta, zudem 1233 als Wächter und Schiedsrichter in dem von

---

1) Papon III, 537.

Guallia vermittelten Waffenstillstand, hatte er stets Proben seiner kaiserlichen Gesinnung abgelegt; keinen Bessern konnte der Kaiser für Avignon wählen. — — —

In den Monaten März und April hielt sich Friedrich II. in Piemont auf, und hier war es, wo nach langer Zeit viele Große der Dauphiné — die Erzbischöfe von Vienne und Embrun, die Bischöfe von Grenoble und Gap u. A. — sich bei ihm einfanden und um die Bestätigung früherer Privilegien baten. In den meisten Fällen begnügte sich Friedrich mit der Transsumption der vorgelegten Urkunden seiner Vorgänger, denen er kurz seine Confirmation hinzufügt. So erhielt [1]) der Abt von St. Oyand [2]) das Privileg Friedrichs I. von 1184, der Bischof Peter von Grenoble [3]) ein solches von 1178 wörtlich bestätigt nebst Zusicherung des kaiserlichen Schutzes. Dem Bischof Robert von Gap giebt der Kaiser zu den Privilegien seines Großvaters von 1184 noch eine Reihe genau begrenzter Güter und Burgen. [4]) Von dem Diplom für den Erzbischof von Embrun [5]) ist uns nur das Regest erhalten; ebenso von dem einen für Johann von Vienne, aus dem wir daher auch nicht genau ersehen können, ob es die Wiederholung der großen Urkunde von 1214 ist: die Belehnung mit den Reichsfestungen stimmt jedenfalls überein. [6]) In dem zweiten Diplom für Vienne [7]) zeigt der Kaiser an, dass der Erzbischof ihm nach altem Brauche das hominium geleistet habe; dafür hätte er ihn mit den Regalien und der Kanzlerwürde für Burgund investirt; dann folgt ein sonst nicht gebräuchlicher Passus, worin gesagt wird, dass der Erzbischof diese Rechte alle allein vom Reiche habe und sie deshalb niemals der Oberherrschaft desselben entziehen dürfe; [8]) endlich wird ihm be-

---

1) März 1238. HB. V, 171.

2) S. Eugendi (zu Lyon gehörig).

3) Turin, April. HB. V, 189.

4) Ibid. HB. V, 192.

5) Ibid. HB. V, 196.

6) Ibid. HB. V, 1234. Die letzten Worte hier müssen wohl ungenau sein, denn wie soll Friedrich in einer Urkunde für den Erzbischof die Freiheiten der Stadtbewohner bestätigen?

7) Ibid. Chevalier Collect. des cart. Dauphin. VI, 2, 84.

8) „Et de dominio nostro et imperii aliquo tempore ea subtrahere aliquatenus non intendat." S. unten bei Arles dasselbe; 1214 steht nichts Derartiges.

foblen, die dem Reiche zustehenden Servitia pünktlich und gehorsam zu leisten.

Wichtiger als diese Bestätigungen sind die Urkunden für den
Dauphin, der so zum ersten Male nachweisbar mit dem Kaiser in
Berührung kommt. 1237 war nämlich Guignes VI. André gestorben, [1]) der sich immer von Friedrich II. fern gehalten hatte. Seine
Wittwe Beatrix hatte wichtige Gründe, sich dem Kaiser nähern.
Einmal brauchte sie seinen Schutz für ihren jungen Sohn Guigues VII.;
dann war der mächtige Erzbischof mit gutem Beispiel vorangegangen.
Vor Allem aber bewirkte wohl die vor Kurzem erfolgte Aussöhnung
ihres Bruders, des Markgrafen Bonifaz von Montferrat, mit dem Kaiser,
dass auch die Schwester letzterem näher trat; vielleicht hat Bonifaz
selbst ihre Vorurkunden vorgelegt, erscheint er doch in der Bestätigung derselben zum ersten Male wieder als Zeuge beim Kaiser.[2])

Im ersten Diplom bestätigt dieser dem Dauphin den Zoll, den
er einst[3]) seinem Großvater Wilhelm v. Montferrat an beliebigem
Orte der Grafschaft Vienne zu erheben erlaubt und den dieser dann
seiner Tochter als Mitgift gegeben hatte.[4]) — In der zweiten Urkunde[5]) wird das Privileg von 1155 eingerückt und dann eine Confirmation desselben und aller Reichslehen des Dauphins hinzugefügt.
Dann wird ihm die Reichsunmittelbarkeit zugestanden; er und die
Seinen sollten das Recht haben, in Allem, was zur Jurisdiction des
Reichs gehöre, nur von dem Kaiser und seinem burgundischen Legaten gerichtet werden zu können.[6]) Es ist dies doch nicht anders
zu verstehen, als dass Friedrich II. den Dauphin von jeder Rechts-
abhängigkeit von dem Erzbischof von Vienne loslösen wollte. Dieser
hatte 1214 die Jurisdiction als Regal übertragen erhalten; wurde
ihm dieselbe in Bezug auf den Dauphin und seine Leute entzogen,

---

1) Testament von 1236 bei Valbonnais l. c. I, 60; datirt mit Pabst-
und Kaiser-Regierung.

2) HB. V, 188.

3) S. o. S. 53.

4) Alba, März 1238. HB. V, 178.

5) Turin, April 1238. HB. V, 185.

6) Concedimus etiam sibi, ut de omnibus, quae ad jurisdictionem et
cognitionem nostram et imperii pertinent, non nisi coram nobis et succes-
soribus nostris aut legatis in regno Burgundie pro tempore statuendis, ipse
per se vel per suos debeat ad justiciam coherceri.

der doch nicht nur den größten Theil der Grafschaft besaß, sondern auch in der Stadt Vienne Güter hatte, so verlor er damit ein wichtiges Stück seiner temporellen Macht, während der Dauphin sich ganz von seinem Einfluss emancipiren konnte und nur vom kaiserlichen Statthalter abhängig wurde. Man sieht hier, wie in Arles, deutlich die Absicht des Kaisers, den Erzbischöfen, auf die er sich ihrer päbstlichen Gesinnung wegen nicht mehr verlassen konnte, ihre alten und bedeutenden Rechte zu nehmen und diese auf seinen Vicar zu übertragen, der sein Interesse besser vertrat. —

Endlich haben wir von Turin datirt noch ein Schreiben[1] des Kaisers an den Dauphin, den Grafen von Genf, sowie an alle übrigen Bewohner der Diöcese Grenoble, worin er sie auffordert, den Bischof Peter, dem er mit seinem Contingent zum Kriege gegen die Lombarden nach Italien zu kommen befohlen habe, bei seinen ihm daraus entstehenden Ausgaben angemessen zu unterstützen; sie seien dazu verpflichtet, weil sie Regalien des Bischofs zu Lehn trügen.[2] Im Weigerungsfalle sollte Nicolinus Spinola, sacri imperii in regno Arel. et Vienn. nuncius, sie kraft kaiserlicher Autorität dazu zwingen. — Ein ähnlicher Erlass erging an die Bürger von Die, denen der Kaiser 8000 Solidi an ihren Bischof zu zahlen befahl, für die Ausrüstung der durch Spinola veranlassten Unterstützung im lombardischen Kriege. „Spinola autem vicarius erat imperialis per regnum Arel. et Vienn. constitutus."[3]

Wir sehen also, dass in dieser Zeit — d. h. ungefähr seit Ende 1237 — ein neuer Beamter des Kaisers im Arelat thätig ist, Nicolin Spinola, wiederum aus einer jener genesischen Familien stammend, welche, wie die Doria, auch nach der Empörung Genuas dem Kaiser

---

1) Chevalier Documents histor. sur le Dauphiné, 3. Lieferung S. 69 10. April 1238.

2) Vgl. o. S. 41 ff.

3) F. Diensibus civibus per litteras imposuit 8000 solidi pro militibus per Joachim(?) Spinola de mandato episcopi Diensis ductis in Lombardiam ut imperatori Brixiam obsidenti subsidium afferrent. Spinola autem etc Diese Stelle findet sich bei Colombi „varia opuscula;" erwähnt bei HB. V, 237, 1. Fehlerhaft ist der Name Joachim; sehr fraglich, ob Spinola selbst die Truppen nach Brescia geführt hat, da doch auch der Bischof daselbst anwesend ist. Trotzdem wird die Nachricht im Allgemeinen richtig sein, da sie erstens ganz den Anschein eines officiellen Aktenstücks (d. h. im Auszuge) hat, dann aber auch durch eine Notiz bei Valbonnais (II, 64) bestätigt wird. (S. u. S. 115 u. vgl. die S. 115 Anm. 4 angef. Urk.).

treu blieben. Sonstige Nachrichten seiner Wirksamkeit als Vicar[1]) des Arelats sind uns nicht erhalten; erst im Januar 1239 werden wir ihn als Podesta von Avignon wiederfinden. Aber aus den Erfolgen, wie sie sich schon jetzt im Frühjahr durch das zahlreiche Erscheinen von Fürsten der Dauphiné, noch mehr dann später bei der Belagerung von Brescia zeigten, kann man auf eine eminente Tüchtigkeit dieses Vicars schließen — die er ja auch später als sicilischer Admiral ebenso sehr bethätigte. Und zwar scheinen sich seine Bemühungen besonders auf die nördlicheren Theile Arelats, welche der Provence gegenüber bisher von Friedrich II. vernachlässigt waren, gerichtet zu haben; er hatte hier die Aufgabe, die Fürsten des Landes zur Stellung von Contingenten und ihre Unterthanen zur Zahlung von Subsidien zu bewegen. Ob er selbst mit den Truppen dann nach Italien gezogen ist,[2]) lässt sich nicht feststellen; am Ende des Jahres 1238 finden wir dann wieder einen neuen Vicar im Arelat; Spinola hatte sein Amt mit dem Podestariat vertauscht, was jetzt öfters vorkommt. — — —

Zum 1. Mai hatte Friedrich II. die Fürsten seiner Länder zu einem großen Hoftag nach Verona berufen; von hier sollte es mit voller Truppenmacht zur Vernichtung der Lombarden gehen. Doch wurde der Termin sehr unpünktlich eingehalten; König Konrad erschien erst im Juli aus Deutschland; viele andere Geladene kamen überhaupt nicht. Zu letzteren gehörte auch Raimund-Berengar von Provence. Am Ende des Winters hatte Friedrich einen speciellen Boten an ihn gesandt, der ihm zum 1. Mai mit einer bestimmten Truppenzahl zum Kaiser zu kommen befahl. Nach einiger Zeit ließ aber der Graf sagen, er könne wegen der späten Ankunft des kaiserlichen Befehls nicht zum 1. Mai erscheinen; auch bat er um Herabsetzung der ihm bei seinen bedrängten Verhältnissen unerschwinglichen Truppenzahl. In der Antwort hierauf,[3]) — deren missbilligender Ton bei allen lobenden und entschuldigenden Worten nicht zu verkennen ist, — wundert sich der Kaiser über die Langsamkeit seines Boten, den er doch rechtzeitig abgeschickt hätte;

---

1) Denn dies war er, wenn er auch oben von F. nuntius genannt wird; bei Colombi heißt er vicarius. Man sieht, dass sich noch kein genauer Unterschied herausgebildet hatte.

2) Wie aus Colombi hervorgeht, s. o.

3) c. April. HB. V, 198.

„jedoch bewillige er dem Grafen gern einen Aufschub von einem Monat, so dass er ihn nun am ersten Juni bestimmt erwarte. Von der Truppenzahl könne er ihm jedoch nichts erlassen; dieselbe sei für ihn, der als Verwandter des Kaisers und als mächtiger Fürst Allon mit gutem Beispiel vorangehen müsse, bescheiden genug; sein Schwager, der Graf von Savoien und der Markgraf von Montferrat, hätten ihre ganze Macht zur Verfügung gestellt; auch er könne sich den Dank des Kaisers und Ruhm dazu erwerben, wenn er unter allen Fürsten, die bei Hofe erscheinen würden, durch seine Macht glänzen würde."

Aber auch diese, nicht übel auf des Grafen Ehrgeiz berechneten Worte hatten keinen Erfolg; es fehlte ihm ebenso an Mitteln, wie an Neigung, den Kaiser in seinen italienischen Kämpfen zu unterstützen; er wollte ungern die Hauptarbeit seiner Politik, die Regelung seines Verhältnisses zu den Ständen der Provence, in der er soeben wieder einen großen Erfolg errungen hatte,[1] unterbrechen; zudem beschäftigte ihn gerade jetzt die so ungemein wichtige Frage der Erbfolge in der Provence: sein folgenschweres Testament datirt vom 20. Juni 1238.[2] — So musste er sich abermals entschuldigen lassen, wozu aber diesmal die Kirchenfürsten von Arles und Marseille, seine ergebensten Anhänger, ausersehen waren. Wir finden sie im Juni 1238 beim Kaiser in Verona; wahrscheinlich versprachen sie, dass der Graf im August mit seinem Heere in Italien sein werde, womit sich Friedrich zufrieden gab. —

Die beiden Prälaten waren hier in Verona Zeugen eines Diploms, das der Kaiser der Stadt Embrun ausstellte,[3] worin er sie in seinen Schutz nimmt und den Bewohnern („fideles nostri") ihre alten und erprobten Gewohnheiten bestätigt „ita, ut eis utantur amodo tanquam a nostra celsitudine comprobatis". Nach dem, was wir oben über Friedrich's neue Städtepolitik gesagt haben, werden uns diese jetzt häufiger vorkommenden Städteurkunden nicht befremden, so wenig wir sie auch früher fanden. Klar wird ihr Unterschied von den früheren, wenn wir sie mit einer ältern städtischen Privilegien-Confirmation, z. B. mit der für Arles von 1214,[4] vergleichen;

1) S. o. S. 97, 3.

2) Sisteron. Teulet 378. S. darüber später.

3) Verona, Juni. HB. V, 210.

4) S. o. S. 44, 2.

dort sind die unverletzlichen Rechte des Erzbischofs streng betont,
hier ist von denselben gar nicht einmal die Rede! — — —

In diese Zeit fällt der Anfang eines Streits Friedrich's II. mit
der Curie, der durch die Einsetzung des Bischofs J a c o b v. P r a e -
n e s t e zum päbstlichen Legaten für Arelat und Frankreich hervorgerufen wurde; ein Beschluß Gregors, der in der Folge ebenso für
den Kampf Friedrich's mit dem Pabste, wie für die Erhebung des
Arelats von der größten Bedeutung wurde. Am 13. Mai 1238 [1])
zeigte Gregor den Bischöfen von Toulouse und Agens an, dass er
den Bischof Jacob zum Legaten bestimmt habe und befahl zugleich,
die Inquisition gegen die Unterthanen des Grafen von Toulouse auf
drei Monate einzustellen, da sich Gesandte desselben auf dem Wege
nach Rom befänden, um Absolution zu erlangen. — Letzteres musste
dem Papste sehr willkommen sein. Bei der Rivalität zwischen der
Kirche und dem Kaiser im Arelat konnte es ihm nicht entgangen
sein, dass die Politik Friedrich's II. daselbst über die Kirche große
Vortheile errungen hatte und in Zukunft noch größere erringen
musste, wenn sie fortführe, alle weltlichen Mächte auf ihre Seite
zu ziehen und die geistlichen zu schwächen. Jetzt hoffte er, seine
Position wieder zu erringen, wenn er erstens den Grafen von
Toulouse durch einige Gunst an sich zog, sodann seinen tüchtigsten
Diener, eben Jacob von Praeneste, als Legaten ins Arelat schickte,
nicht so sehr zur Bekämpfung der Ketzer, als des kaiserlichen Einflusses. Die Folgezeit erwies, wie geeignet Jacob gerade dazu war;
und auch Friedrich II. erkannte sehr wohl die Gefahr, die ihm
von dem Bischof drohe, hatte sich doch derselbe schon in der
Lombardei bewährt, wo er die Städte mit großem Erfolg gegen den
Kaiser aufgewiegelt hatte; Beide hassten sich mit ganzer Seele.

Auf die Bitte Gregors um einen Geleitsbrief für den Bischof
erwiederte daher Friedrich II.,[2]) er könne den Eifer des Pabstes,
die Ketzer in der Provence auszurotten, nur billigen, aber Jacob
sei nicht der geeignete Mann zu dieser Sendung; dieser hätte seine
Schlauheit nur immer dazu benutzt, Zwietracht und Skandal zu
schaffen, was der Kaiser an dem Abfall seiner Getreuen erfahren
habe. Gerade jetzt, wo er hoffe, die Rebellion zu ertödten, möge
der Pabst nicht einen Mann in's Arelat schicken, der den Fortschritt

---

1) T e u l e t 377. HB. V, 270, 1.

2) c. Juni 1238. W i n k e l m a n n 349.

der kaiserlichen Sache nur hindern könne;[1] einem solchen müsse
er die erbetene Sicherheit versagen. — Gregor war aber weit davon
entfernt, nun von der Sendung Jacobs abzustehen; seine Verhandlungen mit dem Kaiser darüber gingen weiter: man sieht, wie
große Wichtigkeit Beide dieser Legation nach dem Arelat bei-
messen. In einem zweiten Schreiben[2] beharrt Friedrich bei seiner
Weigerung, dem Bischof Geleitsbriefe zu geben, der doch nur seine
Anhänger verführen wolle, und befiehlt seinem Gesandten in Rom,
den Papst auch ferner zur Zurücknahme seines Beschlusses bewegen zu wollen. Im October giebt dann dieser Streit sogar Anlass zu einem der Beschwerdepunkte, die der Pabst gegen Friedrich
aufsetzen ließ. Er wirft diesem vor, dass er einigen seiner Getreuen
befohlen hätte, den Bischof auf der Reise gefangen zu nehmen;
Friedrich entgegnet, er hätte nie daran gedacht, obwohl er es mit
Recht hätte thun können, weil er Jacob von Praeneste („lupus ra-
pax") als seinen ärgsten Feind betrachte.[3] — Jedenfalls konnte
Jakob es nicht wagen, nach der Provence aufzubrechen; der Pabst
musste vorläufig die Absolution Raimunds VII. durch den jetzigen
Gesandten, Guido von Sora, aussprechen lassen, dem er im August
dazu Befehl gab.[4]

Um diese Zeit erließ Friedrich II. seine großen Ketzeredikte,
besonders für die Provence. Er wollte vielleicht jeden Zweifel an
seiner Rechtgläubigkeit, der durch die Verhinderung der päbstlichen
Legation entstehen konnte, durch dieselben beseitigen, mehr aber
noch hielt er es für nöthig, nun die Inquisition selbst in die Hand
zu nehmen, um dem Pabst auch in dieser Beziehung im Arelat Concurrenz zu machen und seine dortigen Beamten matt zu setzen.
Aus der jetzt publicirten Ausfertigung[5] dieses Ketzeredikts sehen
wir, dass Friedrich II. den Erzbischof von Arles zum obersten Vollstrecker dieser Edikte ernannte, der durch seine Nuntii die Inquisi-

---

1) „aliquis nobis et negotiis nostris infestus ad partes istas nequaquam
accederet, qui processus nostros impedire satageret".

2) HB. V, 269; darf aber nicht zu Ende Dezember gesetzt werden,
sondern fällt in den Sommer 1238.

3) Cremona, 28. October 1238. HB. V, 256.

4) Teulet 386.

5) Winkelmann 350; Verona, 26. Juni. Das Edikt in MG. L.
II, 326.

tion im Namen des Kaisers besorgen lassen sollte; alle Unterthanen
und Stände des Arelats werden ermahnt, den Erzbischof dabei zu
unterstützen, wodurch man sich Gott und dem Kaiser angenehm
erweisen könne. Es war ein neuer kühner Schritt Friedrichs gegen
das Pabstthum, der somit beschlossen war; durch ihn wurde der
päbstliche Legat überflüssig, die ganze Inquisition wurde nun vom
Kaiser eingesetzt; ihre Macht, — aus der nun in den folgenden
Jahrhunderten das Pabstthum neue Kräfte saugen sollte, — ward
jetzt dem Kaiser dienstbar. Doch wird sich Friedrich II. nicht
verschwiegen haben, dass durch ein solches Edikt diese große Um-
wälzung noch nicht verwirklicht werden konnte, dass vielmehr dieser
Machtausbreitung des Kaisers auf ein ganz religiöses Gebiet sich
ungeheure Schwierigkeiten entgegenstellen mussten.

Vielleicht aber verfolgte er noch einen näher liegenden Zweck
mit diesem Edikt: er gab dem Erzbischof von Arles, der ja damals
bei ihm war, ein neues und scheinbar sehr bedeutendes religiöses
Amt; damit entschädigte er ihn für die Entziehung seiner weltlichen Vicars-Rechte, zog ihn wieder mehr in das kaiserliche Interesse und machte ihn vielleicht auch zu größeren Concessionen geneigt, die er nothwendig in Hinsicht auf die Stadtherrschaft von
Arles von ihm fordern musste. — — —

Anfang August 1238 war Friedrich II. vor Brescia gezogen,
zu dessen Belagerung er sich nun mit seinem bedeutenden Heere
anschickte; ohne Zweifel würde er mit dieser Stadt die letzte Hoffnung der Lombarden vernichtet haben; daher zog er alle Kräfte
aus seinem weiten Reich hierzu heran.

Noch im August errang er einen glänzenden Erfolg, und zwar
durch die Truppen aus dem Arelat. Von diesen war am 23. August
ein Theil bei Cremona angekommen; es scheinen die Truppen aus
der Dauphiné gewesen zu sein, denn sie wurden geführt vom Seneschall des Dauphin und von dem Bruder des Grafen von Savoien,
Wilhelm, der von der Kirche Valence zum Bischof erwählt war,
übrigens aber, wie Matthaeus Parisiensis berichtet, mehr die weltlichen, als die geistlichen Waffen zu führen wusste.[1]) Dieser warf
sich am 24. August mit seiner Abtheilung, 200 Ritter stark, auf

---

1) Das Weitere im Chron. Placentin. (Mon. hist. ad prov. Parm.
pert. III, 152 f.) Nach Matth. Paris führt der electus von Valence auch
die Truppen der Gr. v. Provence und Toulouse.

eine viel zahlreichere Schaar von Piacentinern, welche das Gebiet von Cremona verheerten; er schlug sie bei Buxetum vollständig und führte 90 Ritter und 300 Mann Fußtruppen gefangen nach Cremona.

Allmählich langten auch die anderen Truppen aus der Provence vor Brescia an, eine starke Macht, denn wenige Große hatten sich ausgeschlossen. Vor Allem kam Raimund-Berengar nun selbst endlich zum Kaiser, trotz seines Säumens von letzterem freudig empfangen;[1]) mit ihm fand sich auch wieder Johann von Arles ein, der im Juni von Verona zu ihm gegangen war; sodann finden wir den Bischof von Die,[2]) den Electus von Valence und den Seneschall des Dauphin nachweisbar bei ihm. Die anderen geistlichen und weltlichen Herren des Arelats, die nicht persönlich erschienen waren, hatten ihre Contingente geschickt; so lässt sich dies von Embrun,[3]) Grenoble,[4]) Avignon[5]) urkundlich nachweisen; dass auch Raimund von Toulouse seiner Pflicht genügte und Truppen schickte, wie Matthaeus Paris. sagt, ist zweifellos richtig. Ebenso können wir dies von den anderen Großen annehmen, deren hier vor Brescia empfangene Verbriefungen uns noch bekannt sind — es sind der Bischof von Tricastin, die Herren von Thoire, Bressieu und Entrevenes, die Stadt Apt, — denn der Kaiser hätte wohl denselben diese Gunst nicht gewährt, wenn sie nicht ihr Servitium geleistet hätten.

Es war ein überraschender und singulär dastehender Erfolg, den der Kaiser somit nach langer Mühe im Arelat erreicht hatte. Früher hatten sich die Großen von Burgund höchstens dazu bequemt, auf den Hoftagen Bestätigungen ihrer Privilegien einzuholen; dass einer derselben zu einem Kriegszug sein Contingent stellte, war wohl seit 1155, wo der Dauphin am Römerzuge Theil nahm, nicht mehr vorgekommen.[6]) Jetzt sehen wir fast alle Herren des Arelats den beschwerlichen Weg über die Alpen antreten, jeden mit seinem Contingente, um dem Kaiser Heeresfolge zu leisten. In den glänzenden Erfolgen Friedrichs über die Lombarden 1237 können wir nicht den einzigen Grund dieser Erscheinung finden — auch Frie-

1) HB. V, 406.
2) HB. V, 232.
3) Valbonnais l. c. II, 64.
4) Chevalier l. c. s. u. S. 115, 4.
5) Pertz, Archiv VII, 29.
6) Abgesehen von dem Erscheinen Raimunds VII. 1234 in Italien.

drich I. hatte solche aufzuweisen gehabt: — es war vielmehr Friedrichs II. langjähriges Streben nach engem Anschluss des Arelats, es war die erfolgreiche Thätigkeit seiner Vicare, die zu verfolgen wir im Besondern leider nicht im Stande sind, wie seiner Unterbeamten, Nuntii und Podestas, die hier ihre Triumphe feierte.

Es ist natürlich, dass Jeder der Anwesenden sich seine Privilegien bestätigen und wo möglich neue hinzufügen liess; besonders den Bischöfen musste um Confirmation ihrer alten Rechte zu thun sein, je mehr diese durch die Begünstigung, die der Kaiser neuerdings den Communen zu Theil werden ließ, in Frage gestellt waren.

Die Bischöfe von Avignon[1]) und von Tricastin[2]) empfingen eine einfache Bestätigung, jener des Diploms von 1157, dieser desjenigen von 1214; Isnard d'Entrevenes, Herr von Agout,[3]) erhielt das Thal Sault, eine Schenkung Philipps von 1205 als reichslehnbare Besitzung bestätigt. — Johann von Arles erhielt eine, der im April für Vienne gegebenen, sehr ähnliche Urkunde.[4]) Nachdem er nach alter Sitte das hominium geleistet hat, wird er mit den Reichsregalien investirt; er soll immer erkennen, dass er diese allein vom Reiche habe und sie demselben nie zu entziehen streben;[5]) dann wird ihm die Leistung der schuldigen Servitia anbefohlen. Wir wissen ja nicht, ob für Arles und Vienne nicht noch andere Urkunden ausgestellt sind, die wir nicht mehr haben: die uns erhaltenen, kurz und auch im Tone sehr streng, contrastiren jedenfalls sehr mit den ausführlichen und lobenden von 1214. Die ganze Aufzählung der Rechte fehlt, besonders die Betonung der Jurisdiction und Consuleinsetzung in den Communen; es fehlt bei Arles die Bezeichnung mit caput Provinciae und principalis imperii sedes, während bei Vienne noch die alte Kanzlerwürde bestätigt wird, woraus man wohl schließen darf, dass der Erzbischof von Arles seine Rechte als Inhaber dieses sedes imperii, d. h. als Stellvertreter des Kaisers nicht mehr empfangen hat; diese hatte er, vor Allem durch die dem Grafen von Provence geleistete Huldigung, verwirkt.

In obsidione Brixiae, Sept. 1238:

1) HB. V, 227.

2) HB. V, 231.

3) HB. V, 1234. S. o. S. 25.

4) HB. V, 226.

5) S. o. S. 100, n. 8.

Der Bischof Humbert von Die[1]) erhielt die Confirmation des eingerückten Privilegs von 1178, dasjenige Friedrichs II. von 1214[2]) wird noch einmal abgeschrieben, und nun ist es merkwürdig, dass gerade der ganze Passus über die Rechte des Bischofs in der Stadt Die und die Ausschließung jeder Laiengewalt daselbst jetzt ausgelassen wird, während alles Uebrige wiederholt wird. Es ist doch bedeutsam, dass die kaiserliche Kanzlei dieses Regal nicht mehr mit aufnahm, wenn auch der beabsichtigte Zweck dadurch wieder illusorisch wurde, dass auch die Urkunde von 1214 wörtlich bestätigt wird. — Noch eine zweite Urkunde[3]) erhielt der Bischof von Die, worin alle Missbräuche, die in seiner Diöcese eingerissen seien, verboten wurden; der Bischof sollte das Recht haben, mit Strafen gegen Alle vorzugehen, die falsches Maß und Gewicht brauchten oder die ohne Berechtigung Zölle erhöben, wie auch gegen alle Vereinigungen und Conjurationen der Bürger von Die, sofern diese nicht durch kaiserliche Privilegien bestätigt seien. — — —

Ob der Graf von Provence eine größere Vergabung erhalten hat, wissen wir nicht; der spätere Brief Friedrichs[4]) sagt nur, dass er von der kaiserlichen Kammer glänzend mit Geld und Geschenken versehen und von der Gunst des Kaisers geehrt entlassen worden sei. Dies geschah c. Anfang October nach der Aufhebung der erfolglosen Belagerung von Brescia. In Cremona wohin sich Friedrich zurückzog, finden wir den Grafen nicht mehr, dagegen noch den Erzbischof von Arles und Wilhelm von Valence. Sie sind hier Zeugen der Bestätigung eines Zoll-Privilegs, das Heinrich VI. 1188 dem Humbert von Thoire verliehen hatte.[5]) Sein Enkel, Stephan von Thoire-Villars, empfing zugleich die Belehnung mit den Reichsgütern Varey und St. André, nachdem er den Treueid geleistet hatte. Es war nach langer Zeit das erste Mal, dass ein Großer — und zwar der mächtigste, da Stephan außer Thoire durch seine Gemahlin auch Villars geerbt hatte — aus jenem Gebiet nördlich vom Rhône-Knie zwischen der Pfalzgrafschaft Burgund und der Dauphiné wieder beim Kaiser seiner Vasallen-Pflicht genügte. Durch die Zu-

---

1) HB. V, 232.
2) HB. I, 330.
3) HB. V, 236.
4) HB. V, 406.
5) October, Cremona. HB. V, 245. S. o. S. 12.

theilung[1]) dieser Länder zum Gebiete des deutschen Königs Heinrich, der sich um sie nicht gekümmert hatte, waren sie dem Reiche ganz entfremdet; jetzt fängt Friedrich II. an, auch diese wieder an ihre Zugehörigkeit zum Reiche zu erinnern und ihre Servitia zu verlangen. —

Vom October datirt auch ein Diplom für die Stadt Apt,[2]) ganz ähnlich dem von Embrun;[3]) auf die Bitten der getreuen Bürger werden alle Rechte, Besitzungen und guten Gebräuche vom Kaiser bestätigt. — Im November 1238[4]) erhielt Aimar von Groslée die Confirmation eines Zollrechts in seinem Lande Bressieu in der Dauphiné.

Am längsten blieb der kriegerische Electus von Valence beim Kaiser. Dieser verlieh ihm, dessen Tüchtigkeit er so viel zu verdanken hatte, im November[5]) die Bestätigung der Privilegien, welche König Philipp 1205[6]) der Kirche von Valence verliehen hatte. Das Diplom wird vollständig erneuert, daher finden wir noch alle jene Vorrechte des Bischofs der Commune gegenüber wiederholt, welche die Kanzlei bei anderen Bestätigungen vermied: man mochte wohl Wilhelm von Valence, bei seinen großen Verdiensten um die kaiserliche Sache, nicht durch Beschränkungen seiner Macht kränken wollen. — — — —

Der Versuch, Brescia einzunehmen und damit der Rebellion der lombardischen Städte ein Ende zu machen, war gescheitert, trotz aller Anstrengungen, trotz des bedeutenden Zuzugs, den Friedrich II. von überall her erhalten hatte. Folgenreicher, als der kriegerische Misserfolg aber war die moralische Niederlage, deren Spuren man bald überall erkennt, vor Allem in dem energischen Vorgehen des Pabstthums, nicht am wenigsten auch im Arelat. Ein glänzendes militärisches Resultat hätte Friedrichs schon erzielte Erfolge abgeschlossen und gekrönt, der Rückzug von Brescia's Mauern stellte sie wieder in Frage; auch die eifrigste Wirksamkeit des Kaisers und

---

1) Vgl. o. S. 51 und HB., Introd.

2) October, Cremona. HB. V, 248.

3) S. o. S. 104.

4) November, Cremona. HB. V, 1222; nur das Regest erhalten; von einer frühern Verleihung ist nichts bekannt.

5) HB. V, 261.

6) S. o. S. 25.

seiner Vicare, die wir nun weiter verfolgen werden, konnte den
schlimmen Eindruck nicht verwischen, den die arelatischen Großen
persönlich empfangen hatten, gerade da, als sie zum ersten Male
in großer Anzahl zur Unterstützung ihres Souveräns herbeigeeilt
waren.

III. Abschnitt.
Von der Belagerung von Brescia bis zu Friedrichs II. Tod.
1238—1250.

Im November 1238 finden wir im Arelat die Spur eines neuen
Reichsvicars. Am 25ten nennt sich Supramonte Lupo in einer
Arler Urkunde „Vicar des Reichs;"[1]) später heißt er auch marchio
de Surana,[2]) stammt also auch aus einer vornehmen italienischen
Familie; 1233 war er schon Podesta von Arles gewesen, als welcher
er auch Zeuge des Vertrags zwischen Guallia de Gorzano und dem
Grafen von Provence ist.[3]) Dass er schon damals von Friedrich II.
gesandt war, ist nicht anzunehmen; wie bei Avignon befolgt aber
der Kaiser auch hier die Praxis, einen schon früher im Arelat erprobten Beamten jetzt als kaiserlichen hinzuschicken. Wann Supra-
mont Lupo nach Arles gekommen ist, lässt sich nicht feststellen,
denn es fehlt seit der Liste der Baillifs der neuen Confratria (24.
April) bis zum November jede Nachricht aus der Stadt. Die Revolution scheint wieder die Oberhand gehabt zu haben, vielleicht ist
der Erzbischof sogar wieder verbannt worden, denn wir finden ihn
immer beim Kaiser und beim Grafen von Provence, von April bis
October.

Schon im Dezember erscheint dann Graf Berard von Loreto
in der Provence als „sacri imperii in regno Arel. et Vienn. vicarius generalis." Berard stammt aus der Mark Ancona; er war schon
in früherer Zeit in Verbindung mit dem kaiserlichen Hofe gewesen,[4])
ohne doch bis dahin eine größere Rolle gespielt zu haben. — Am

---

1) Ueber das Folgende vgl. Anibert III, 112 ff. und 253. Papon III, 507.

2) So bei Winkelmann 659, bei Anibert Furana.

3) Winkelmann 630 (S. o. S. 79), wo er fälschlich Formundus Lupus
heisst.

4) 1231 und 1232. H.B. IV, 272.

4. Dezember berief er in Arles das Parlament[1]) und forderte als Vicar des Arelats von allen Bürgern, dass sie ihm den Eid für den Kaiser leisteten. Der Erzbischof erwiederte darauf, die Bürger seien dazu nicht verpflichtet, denn er selbst hätte dem Kaiser auch für sie den Treueid geleistet, indem er die Stadt zu Lehen trage und zwischen ihr und dem Kaiser stehe.[2]) Doch wolle er gestatten, — unbeschadet der Rechte seiner Kirche und der Freiheit der milites und probi homines von Arles — dass die Bürger dem Vicar „den Eid des Dankes, der Ehre und der Hochachtung" leisteten. Das Volk im Parlament stimmte dem zu und leistete darauf diesen Eid.

Prüfen wir den Wortlaut dieser wichtigen Urkunde genau, so ist es nicht zweifelhaft, dass durch den Treueid, den die Bürger dem Grafen Berard für den Kaiser leisten sollten, der letztere die Stadt zur Reichsunmittelbarkeit erheben wollte. Dies geht besonders aus den Worten des Erzbischofs hervor; er will es nicht zulassen, dass man schwört; denn er hat dem Kaiser auch zugleich für die Stadt den Eid geleistet, die er zu Lehen trägt; sowie aber die Bürger selbst dem Kaiser den Treueid schwören, steht die Stadt unmittelbar unter dem Reich und ist vom Erzbischof unabhängig. Was Friedrich II. vorher bei den kleinen Communen durchzusetzen angefangen hatte, will er nun auch in der Hauptstadt erreichen; konnte er die Commune Arles, wie die von Avignon, an sich ziehen, so hatte er im Arelat die reichsten Mächte in Händen. Leider hatte er nicht den geeigneten Diener für die Durchführung dieses Planes ausgewählt. Berard von Loreto zeigte sich jetzt, wie in der Folgezeit, ganz unfähig, seinen wichtigen Posten auszufüllen; er hat zum großen Theil das Scheitern der Entwürfe Friedrichs II. im Arelat verschuldet. Jetzt in Arles begnügte er sich mit dem Eid „de gratia et honore ac reverentia", d. h. man schwor, sich dem Kaiser gegenüber gefällig und respektvoll verhalten zu wollen, trat aber eben in keine Lehnsabhängigkeit zu ihm, wie sie der Treueid involvirte. Mit diesem Ausweg hatte Jean Baussan die Gefahr, die für ihn in der Absicht des Kaisers lag, geschickt umgangen: statt bindender Verpflichtung hatte dieser eine bloße Förmlichkeit erhalten. Dass die Bürger dem Erzbischof zustimmten, ist nicht wunderbar;

---

1) **Winkelmann** 659.

2) „cum ipse sit medium inter Imp. et ipsos, quia tenet Arelatem ab Imperatore. . . . .

sie waren zu lange und zu fest an das Interesse Raimund-Berengars geknüpft, als dass sie sich für den Anschluss an Friedrich II. hätten sehr begeistern können; durch sein energisches Vorgehen wurden sie und am meisten Jean Baussan nur noch mehr in dem Gedanken bestärkt, die Stadt ganz Raimund-Berengar zu übergeben.

Unter den Zeugen der besprochenen Urkunde finden wir die Bischöfe von Avignon, Marseille und Apt, auch Supramonte Lupo, der sich jetzt nicht mehr vicarius, sondern potestas Arelatensis nennt. Papon[1]) und Anibert[2]) haben sich abgemüht, hierfür eine Erklärung zu finden, während doch die Sache nichts Ungewöhnliches an sich hat. Friedrich II. hat nach Arles einen Podesta geschickt, der zugleich die Rechte des Reichs-Vicariats, die früher der Erzbischof inne hatte, verwaltet. Daher nennt er sich auch mit diesem vornehmeren Titel. Auch später werden wir sehen, dass der Reichsvicar zugleich Podesta einer der beiden großen Communen ist. Nun aber schickte Friedrich II. den Berard als vicarius generalis[3]) nach dem Arelat; damit verlor Lupo sein Vicariat und blieb nur noch Podesta. Auch von diesem Amt wird er bald zurückgetreten sein, denn wir hören nichts mehr von ihm; gewiss ging er, wie gewöhnlich die Podestaten, nach Anfang des neuen Jahres ab. Nun übernahm Berard auch das Podestariat von Arles, oder richtiger, es wurde kein neuer Podesta erwählt, weil der Vicar einen solchen überflüssig machte; mit seinen Rechten vereinigte er auch die des Podesta; und so hat Papon jetzt nicht Unrecht, wenn er sagt, das Podestariat erlosch mit der Einsetzung des Vicars.

Natürlich gingen dessen Rechte aber viel weiter über die Stadt hinaus und dies bezeichnet auch das neue Attribut „generalis."[4]) Berard hatte die Stadthalterschaft über das ganze Königreich, und dies sehen wir schon daraus, dass seine uns erhaltenen Erlasse sich meist auf die Dauphiné beziehen. Seine erste Aufgabe war es nämlich, die Pflichten der Unterthanen, „pro visitatione" oder „pro

---

1) Er meint, Lupo nenne sich noch von 1233 her Podesta.

2) Sagt, Lupo habe sich ohne Unterschied bald Vicarius, bald Potestas genannt.

3) So nennt er sich 1239, Juni HB. V, 324; Dez. 1238 nur Vicarius.

4) Damit soll nicht gesagt sein, dass Fickers Erklärung (Forschungen zur ital. Rchsgesch. II, 499), generalis sei als Gegensatz zu specialis aufzufassen, nicht auch zutrifft: in dem Attribut generalis sind jedenfalls beide Beziehungen verstanden.

cavalcata" oder „pro corredo imperatoris" Subsidien an ihre Herren[1]) zu zahlen, zur Ausübung zu bringen. Immer war diese Pflicht den Bischofsstädten in den kaiserlichen Diplomen eingeschärft, lange Jahre aber war keine Gelegenheit zur Erfüllung derselben gewesen; nur wenige der Bischöfe waren zu Hofe gezogen. Als nun 1238 die Subsidien von allen Bischöfen erhoben wurden, mag dies wohl häufig auf große Schwierigkeiten gestoßen sein, denn die Kosten der Reise waren nicht gering gewesen. Der Bischof von Die verlangt von den Diensern — gemäß des obigen Befehls Friedrichs II.[2]) — bis zum 1. August 1239 8000 Solidi, obwohl er 16000 verlangen zu dürfen behauptet. Der Bischof von Avignon schuldete noch 1240 zweien Privatleuten, welche die Ausrüstung und Führung seines Contingents übernommen hatten, 3000 Solidi, wofür mehrere Einwohner von Bigorre Bürgschaft leisten.[3]) — Konnten nun die Bischöfe die Subsidien der Unterthanen und Lehnsträger nicht eintreiben, so wandten sie sich an den kaiserlichen Vicar, indem sie die Mandate Friedrichs II. vorlegten; Berard musste dann für die Bezahlung sorgen. So schrieb er an die Bürger von Grenoble[4]) und Embrun,[5]) sie möchten bei Strafe des kaiserlichen Zorns und bei Geldstrafe die ihnen zukommende Pflicht erfüllen (für Embrun sind es 100 Viennenser Pfund). Gewiss sind aber die Subsidien damals im Arelat in den meisten Fällen geleistet worden, — ein neues Zeichen der immer mehr sich befestigenden Disciplin und Verwaltung. — — -- —

Um dieselbe Zeit, wo Berard nach Arles kam, trat auch Nicolin Spinola sein Amt als Podesta von Avignon an.[6]) Ein Eid für den Kaiser wird hier nicht erwähnt, war aber wohl selbstverständlich, da die kaiserliche Souveränetät in Avignon immer gern und willig anerkannt wurde; die Reichsunmittelbarkeit der Stadt war überdies vor einem Jahre deutlich ausgesprochen worden. Jetzt

---

1) d. h. besonders an die Bischöfe, S. o. S. 41 ff.

2) Valbonnais II, 64 u. o. S. 102.

3) Pertz Archiv VII, 29.

4) Romans, 16. Febr. 1239. Chevalier (Docum. hist. sur le Dauph. 3. Lief. S. 69). Aus der Urkunde kann man doch nicht, wie HB. (Introd. 259), auf eine dritte Reise des Bischofs von Grenoble zum Kaiser schließen.

5) Regest bei Valbonnais II, 64.

6) Papon III, 536: Januar 1239. S. o. S. 103.

wurde sie wieder bestätigt,[1]) indem der Kaiser seine Getreuen von Avignon in seinen Schutz nimmt, ihre Gebräuche bestätigt und bestimmt, dass sie nur von ihm allein abhängig sein sollten, von keiner andern Person.[2]) -- Dieselbe Tendenz hatte eine wichtige Urkunde Friedrichs für die Stadt Apt.[3]) Die Bewohner haben „offen und der Wahrheit gemäß" erklärt, dass sie ihr Consulat unmittelbar von Kaiser und Reich „a tempore, cujus non extat memoria" hätten;[4]) und daher bestätigt ihnen der Kaiser zur Belohnung ihrer Verdienste das Consulat nebst allen dazu gehörigen, einzeln aufgezählten, Rechten, unter der Bedingung, dass sie es auch ferner nur vom Reiche zu haben erkennen und auf Befehl das Kaisers und seiner Nuntien den Treueid und die Servitia leisten sollten.

So fährt Friedrich II. fort, seine Absicht, die Communen des Arelats unter das Reich zu stellen und der Herrschaft ihrer ihm feindlichen Bischöfe zu entziehen, durchzusetzen. Hier bei Apt war aber seine Politik auch gegen den Grafen von Provence gerichtet. Dieser hatte stets sein Bestreben darauf gerichtet, die Städte seines Landes unter seine Hoheit zu bringen; er musste es als besonders gefährlich empfinden, wenn die Stadt Apt, ganz nahe bei seiner Residenz Aix gelegen, ihm nun durch den Kaiser entfremdet wurde. So mochte auch dies dazu beitragen, ihre Spannung zu vergrößern. Den Anlass zu dem Ausbruch der Empörung des Grafen gaben aber doch die Ereignisse in Italien.

Im März 1239 hatte Gregor IX. die Excommunication über Friedrich II. ausgesprochen. Gleich der zweite Punkt seiner Anklagen gegen den Kaiser war die Beschuldigung, dass er den Bischof von Präneste durch einige Getreue hätte behindern lassen, damit er nicht seine Sendung zur Ausrottung der Albigenser ausführe.[5])

---

1) Januar 1239, Parma. HB. V, 275.

2) Friedrich nennt die Stadt „camera nostra et imperii specialis;" dies ist wohl reiner Ehrentitel; vielleicht auch war Avignon Sitz des kais. Fiscus und der Bewahrungsort der zur Verwaltung des Arelats nöthigen Gelder, wofür Arles, obwohl Residenz des Vicars, nicht sicher genug erscheinen mochte.

3) Reggio, Juni 1239. HB. V, 341.

4) Hiervon ist uns nichts bekannt.

5) HB. V, 286.

Man begreift leicht, wie einschneidend die Wirkungen der Excommunication gerade im Arelat sein mussten. Die Abneigung des
Clerus gegen Friedrich, seit langer Zeit durch seine eigene Politik
ebenso, wie durch die päbstlichen Legaten genährt, zeigte sich bald
in ganzer Stärke; jetzt hatte man ja die wilkommene Berechtigung,
gegen den Kaiser und alle seine Einrichtungen und Beamten Front zu
machen; nun brauchte man nicht mehr die lästigen Servitia, an deren
Bezahlung noch viele Prälaten laborirten, zu leisten; man konnte
sich mit allen geistlichen Strafen gegen die Communen und den
Grafen von Toulouse, als Anhänger eines Gebannten, wenden.

Die Empörung begann mit dem Abfall von Arles. Hier vertrat Berard von Loreto, wie wir sahen, die Interessen des Reichs;
doch war er nicht der Mann dazu, die Conspiration zwischen dem
Erzbischof und seiner Partei und dem Grafen von Provence zu durch-
schauen; sorglos ließ er sich von letzterem, der häufig in Arles
weilte, täuschen, indem dieser ihn, wie auch den Kaiser, durch
scheinbare Unterwürfigkeit sicher machte. Auch in der Stadt ging
Alles nach Berards Wunsch; er wurde vollständig als Herr derselben
anerkannt. Die Urkunden setzen seinen Namen an die Spitze,[1]
wie den des Podesta sonst; gleich diesem hat er auch einen Richter
eingesetzt.[2] Ja, es schien, als wenn er selbst die feindlichen Parteien der Provence aussöhnen würde. Anfangs Januar[3] leistete vor
ihm Barral de Baux, der Anhänger Raimunds von Toulouse, dem
Erzbischof von Arles das hominium für sein Schloss Trinquetaille;[4]
Raimund-Berengar figurirt hierbei neben dem Bischof von Marseille
als einfacher Zeuge. — Wie sich dann nach der Excommunication
das Verhältniss Berards zum Grafen und Erzbischof gestaltete, wissen
wir nicht; jedoch schickte Raimund-Berengar kurz vor seinem Abfall Boten zu Friedrich II., welcher diese höchst freundlich empfing
und beauftragte,[5] dem Grafen die Gewährung seiner Bitten zu mel-
den; seinem Vicar befahl er, dem Grafen in jeder Weise zu Dienste
zu sein. Und in eben dieser Zeit betrieb dieser auf's eifrigste die
geheimen Verhandlungen, die dem Kaiser Arles entreißen sollten.

---

1) **Anibert** III, 124.

2) Ibid. 253: Deutesalvus.

3) Gall. christ. (neu) I, pr. p. 101.

4) Auf der Insel Camargue, welche vom Rhône-Delta gebildet wird.

5) HB. V, 401.

Es war schlimm, dass Berard so oft von Arles entfernt war: im Februar führten ihn seine Geschäfte nach der Dauphiné,[1]) im Juni zum Kaiser nach Verona.[2]) In seiner Abwesenheit fand man Zeit, Alles zum lange vorbereiteten Schlage zu verabreden. Im Juli kam Raimund-Berengar wieder nach Arles; der General-Vicar, soeben vom Kaiser zurückgekehrt, empfing ihn ehrenvoll und zuvorkommend, wie Friedrich es befohlen hatte. Nun aber lässt der Graf die Maske fallen; er vertreibt Berard aus der Stadt und dieser muss nach Avignon fliehen. Am 25. Juli 1239 versammelt sich das Parlament von Arles und setzt die Bedingungen auf,[3]) unter denen man die Herrschaft der Stadt dem Grafen übergäbe. Letzterer versprach, die Stadt und die Kirche Arles zu vertheidigen und alle Rechte des Erzbischofs und der Bürger anzuerkennen und zu beobachten. Dafür übertrug ihm Jean Baussan im Namen des Parlaments die Jurisdiction nebst ihren Einkünften in der Stadt, unbeschadet der Rechte des Erzbischofs, d. h. der Appellationen, Testamente, des öffentlichen Notariats und der Juden-Gerichtsbarkeit.[4]) Am 19. August wurde dann ferner beschlossen,[5]) dass dem Grafen die erwähnte Signorie auf Lebenszeit übertragen würde; dann beschwor man alle Vereinbarungen.

Im Ganzen unterschied sich die Gewalt des Grafen nicht sehr von der des Podesta, nur dass sie durch die längere Dauer und die bedeutenden Gerichtsgelder bei weitem ertrags- und einflussreicher wurde. Raimund-Berengar hatte nun in Arles genau dieselbe Stellung, welche Raimund von Toulouse 1230 in Marseille erhalten hatte; auch er setzte einen Viguier und Richter in der Stadt ein, welche dieselbe für ihn verwalteten. Die Freiheit der Commune war wenig alterirt, der größte Schaden traf nur das Reich.

---

1) 16. Februar ist er in Romans, s. o. S. 115, 4.

2) HB V, 324. Hier nennt er sich als Zeuge eines Diploms -- betreffend die Immunitäten des Johanniter-Hospitals zu St. Gilles im Arelat — zuerst Generalvicar. Der Kaiser nennt ihn nachher bald ebenso, bald nur Vicar.

3) Bouche II, 243. Datirt mit „Frider." d. g. Rom. imp. semper Augusto. (!) Vgl. Anibert III, Cap. 8.

4) Diese Rechte gehörten bis dahin theilweise der Commune, theils dieser und dem Erzb. zusammen: man sieht, der letztere hat den Abfall vom Kaiser nicht umsonst betrieben. (Anibert 131, a).

5) Gall. christ. (neu) I, pr. 102.

Im September erfuhr Friedrich II. durch Berard die Vorgänge in Arles; er fühlte wohl, dass mit einem Schlage Alles, was er schon im Arelat errungen hatte, bedroht oder schon vernichtet war. Wie hart ihn der Verrath des Erzbischofs und des Grafen betraf und wie großes Gewicht er diesen Dingen beilegte, ersieht man aus den fünf Briefen, die er sofort in dieser Angelegenheit erließ. Es galt nun vor Allem, einmal den Versuch zu machen, den Grafen und die Stadt zur Zurücknahme alles Geschehenen zu bewegen, mehr aber noch, sich mit den reichsfreundlichen Kräften der Provence, vor Allem mit Raimund VII. und Avignon, in Verbindung zu setzen und sie zum bewaffneten Einschreiten gegen die Verräther zu bewegen: denn Friedrich selbst war in dieser Zeit zu sehr mit dem italienischen Kriege beschäftigt, um selbst thätig eingreifen zu können.

Zuerst schreibt er an Raimund-Berengar,[1]) er hätte sich innerhalb 30 Tagen am kaiserlichen Hofe einzufinden, um sich wegen des Handstreiches auf Arles[2]) zu verantworten; käme er nicht, so sollte er aller Lehen verlustig gehen. Sodann erging der Befehl an die Bürger von Arles,[3]) den frühern Zustand in der Stadt wieder herzustellen und den General-Vicar zurückzurufen; wenn sie dies versäumten, würde er einen Nuntius schicken, der die Stadt in die Acht thäte und ihr die strengsten Strafen auferlege. — Bei alledem ist der Ton beider Briefe im höchsten Grade mild und freundlich; den Grafen erinnert Friedrich an alle Güte, die er ihm erwiesen; auch seinem Vicar hätte er befohlen, ihm immer zu dienen und zu helfen. Die Bürger entschuldigt er mit der Plötzlichkeit, durch die sie überrascht seien; nur durch die Hilfe schlechter Menschen und Factionen hätte der Graf die Stadt erlangt; die Commune selbst sei mehr getäuscht, als absichtlich im Aufstande gegen ihren Souverän.

In derselben Weise schreibt Friedrich an den König von Frankreich,[4]) den Schwiegersohn Raimund-Berengars, zählt alle Wohlthaten auf, die er Letzterem von jeher hätte angedeihen lassen und

---

1) Sept. 1239. HB. V, 401.

2) ... vicarium nostrum nostri culminis effigiem praesentantem turpiter a civitate Arel. projeceris ...

3) Sept. 1239. HB. V, 402.

4) HB. V, 406. Sept. 1239. Wir sind auf diesen Brief schon oben des öfteren eingegangen.

zeigt, wie oft der Graf durch Vernachlässigung seiner Lehnspflichten
und durch Unpünktlichkeit die kaiserliche Gnade verwirkt habe, ohne
dass er ihn jemals dies hätte entgelten lassen; immer habe er ihn
geehrt und belohnt und dafür nun soviel Undank geerntet.

Der Stadt Avignon[1]) dankt Friedrich für die Treue, womit sie
sich dem Grafen widersetze und dem General-Vicar des Arelats,
ihrem Podesta, mit allen Kräften beistehe; wenn Raimund-Berengar
sich nicht in 30 Tagen stelle, würde er gebannt werden und sie
dürften ihm allen Schaden, wie einem Verräther, zufügen.

Vom Grafen von Toulouse[2]) hatte der Kaiser Boten empfangen,
die ihn der Ergebenheit desselben versicherten und seine Absicht
kundgaben, sich gegen den Pabst und seine Gönner, besonders den
Grafen von Provence zu erheben und die Sache des Kaisers auf jede
Weise zu vertheidigen. Hocherfreut antwortete ihm Friedrich II.
in den lobendsten Ausdrücken, worin er ihm für seine Treue, die
sich im Gegensatz zu Anderen wieder offenbart hätte, dankt und
ihm zeigt, wie nöthig es sei, dass man sich gegen hierarchische
Anmaßung verbünde. Um dies näher zu verabreden, schicke er ihm
seinen Special-Boten, der ihm alles Weitere mittheilen würde. --

Wir wissen nicht, ob Gregor IX. bei dem Abfall von Arles
seine Hand im Spiele gehabt hat; jedenfalls verfehlte er nicht, daraus sofort für sich Vortheile zu ziehen. Seinem Legaten Jacob von
Praeneste, der bis dahin durch den Kaiser verhindert war, nach
Frankreich abzugehen, gelang es, im October verkleidet nach Genua
zu kommen und von da nach der Provence hinüber zu fahren.[3]) Das
war für den Kaiser ein Schlag, fast noch gefährlicher wie der Abfall von Arles; denn Jacob zeigte bald, dass er die Kunst, die Freunde
des Kaisers ihm zu entfremden, die Feinde zu stärken, noch nicht
verlernt habe. Sein Amt gestattete ihm, mit unbeschränkter Vollmacht in Frankreich die päbstlichen Interessen zu vertreten, vor
Allem hatte er Empfehlungsbriefe an Ludwig IX. und seine Mutter
Blanche,[4]) worin diese zum Beistand gegen Friedrich II. aufge-
rufen werden.

---

1) HB. V, 405.

2) HB. V, 403; doch ist dieser Brief wohl später, als die vorigen, zu
setzen.

3) Ricc. de St. Germano. MS. XIX, 378.

4) Teulet l. c. 416, 418.

Doch ging er zuerst zu Raimund-Berengar nach Aix, wo schon am 10. November 1239 ein Vertrag zwischen Beiden zu Stande kam. Der Graf versprach,[1]) nach Beilegung seines Streits mit Raimund VII., mit 40 Rittern und 10 Schützen entweder selbst nach Italien zu gehen, oder, wenn er in der Provence von Berard[2]) und den Avinionesen angegriffen würde, 20 Ritter und 10 Schützen dorthin zu schicken. Diese sollten 6 Monate[3]) im Dienste des Pabstes stehen; zur Ausrüstung behielt sich der Graf drei Monate vor. Dafür sicherte ihm der Legat eine Geldhilfe zu,[4]) deren Verwendung gemäß der verschiedenen Größe des Hilfscorps und der Anwesenheit des Grafen bei demselben genau geregelt wurde. Am 10. Januar 1240[5]) wies dann der Pabst dem Legaten die im Arelat zu erhebenden Gelder an,[6]) mit denen er die Feinde des Kaisers unterstützen sollte.

Nach solchen Erfolgen des Legaten war es natürlich, dass der Graf und die Stadt Arles nicht daran dachten, den Kaiser zu versöhnen. Daher zögerte auch Friedrich II. nicht, nachdem die Gnadenfrist von dreißig Tagen verstrichen war, seine Drohung wahr zu machen. Von Cremona aus erließ er im Dezember 1239 das Edikt,[7]) wodurch Raimund-Berengar wegen Majestäts-Verbrechens mit ewiger Reichsacht belegt und seiner Reichslehen, der Grafschaft Forcalquier und besonders der Stadt Sisteron,[8]) für verlustig erklärt wurde; diese Länder wurden dem getreuen Raimund von Toulouse verliehen. —

---

1) HB. V, 488. „sedatis discordiis inter ipsum et comitem Tol. pro se et terris quas possidet, inter quas intelligimus Massiliam et Venaissinum.

2) „Oder einem andern kais. Nuntius."

3) „Ungerechnet die Zeit der Hin- und Rückreise."

4) Aix, 10. Nov. 1239. Winkelmann 662.

5) Raynaldi ann. eccl. 1240 §. 20.

6) Nach obiger Urk. bestehend aus einem Viertel der Einkünfte, welche der Pabst aus den sieben Kirchenprovinzen Burgunds bezog, und aus der Summe, welche diejenigen Provençalen zahlen würden, die das Kreuz genommen hatten, aber ihrem Gelübde nicht nachkommen wollten.

7) HB. V, 541. Hierher gehört auch die Notiz der Chronik bei Vaissète III, pr. p. 107, welche fälschlich diese Belehnung zu 1230 giebt. S. o. S. 75, 3.

8) Auffallender Weise ist nicht der comitatus Provinciae genannt, der doch ebenfalls vom Reiche zu Lehen ging (cf. Hüffer Burg. 43 u. o. S. 66) und dessen Entziehung Friedrich II. auch im September androhte.

Zugleich schenkte der Kaiser der Commune Avignon[1]) für ihre Verdienste das Privileg, eine neue Münze zu schlagen, welche überall
im Arelat volle Giltigkeit haben sollte.

Wir stehen damit wieder vor einem neuen Abschnitte: in den
nächsten drei Jahren haben wir kein Diplom Friedrichs für Arelat;
ein solches für einen geistlichen Herrn dieses Reichs hat er überhaupt nicht mehr ausgestellt. Mit dem Clerus hatte er für immer
gebrochen, denn die Zeiten, wo ein Bischof Burgunds auch bei dem
gebannten Kaiser treu gegen den Pabst aushielt, waren vorüber.
Die Herrschaft des Reichs beruhte jetzt im Arelat einzig auf Raimund VII. und der Commune Avignon; blieben diese treu, so war
die mühsam stabilirte Souveränetät des Kaisers im Arelat noch nicht
verloren. Doch auch sie sollten wanken, und zwar ebenso sehr
durch die Unklugheit des Reichsvicars, wie durch die diplomatischen
Künste des päbstlichen Legaten dazu geführt.

Gleich zu Anfang 1240 brach der Krieg in der Provence auf's
Neue aus.[2]) Trotz des Ausgleichs, der im October 1239 durch
König Jacob von Aragon auf einer Zusammenkunft zu Montpellier
angebahnt war, zögerte doch Raimund VII. nicht, den Befehl des
Kaisers auszuführen, wohl weniger, um die ihm zuerkannten Besitzungen zu erobern, als um der Gefahr zu begegnen, die auch
ihm aus dem neuen Bunde seines Gegners mit dem Pabste erwachsen
musste. Rasch kam er Raimund-Berengar zuvor, dessen Rüstungen
bei seiner steten Geldverlegenheit wohl noch nicht weit vorgeschritten
waren, drang über den Rhône und von Venaissin aus über die Durance, verwüstete die Provence und bedrohte Arles. Raimund-Berengar rief die Franzosen, welche auf dem rechten, dem Könige gehö-
renden Ufer[3]) wohnten, zu Hilfe; diese erscheinen mit Heeresmacht,
werden aber von Raimund VII. vollständig geschlagen. Er nimmt
dann rasch die festen Plätze der Rhône-Ufer ein, dringt im Sommer
in das Delta, wo ihm Barral de Baux sein Schloss Trinquetaille
übergiebt, und legt sich mit seinem ganzen Heer vor Arles, um es

---

1) HB. V, 543. Dez. Cremona.

2) Vgl. Vaissète III, 419. Das Folgende aus Matthaeus Paris
und Wilh. v. Puy-Laurent (hist. Albig. Bouquet XX.), deren sonst nicht
sehr zuverlässige Nachrichten hier durch die Urk. der folgenden Zeit bestätigt werden.

3) Beancaire u. Uzès.

dem Kaiser wieder zu erobern; die Marseiller unterstützen ihn dabei auf der Wasserseite mit Kriegsschiffen.

Dieses entschiedene Vorgehen Raimunds rief überall großen Widerspruch hervor, bei der Kirche sowohl, wie bei dem König von Frankreich. Im Mai 1240 beauftragte der Legat Jacob[1]) den Erzbischof von Narbonne, über alle diejenigen aus Narbonne, Arles und Aix, welche, dem excommunicirten Nuntius des Kaisers Berard anhangend, den Erzbischof und die Stadt Arles, wie auch den Grafen von Provence, welche im Schutz der Kirche ständen, befehdeten, den Bann auszusprechen, wenn sie sich weigern sollten, das Geraubte zurückzugeben.

Dem Grafen von Provence, zu dem das Gerücht gedrungen war, dass Friedensverhandlungen zwischen der Curie und dem Kaiser im Werke seien und der somit fürchten musste, die Unterstützung des Pabstes zu verlieren, meldet dieser,[2]) dass daran nichts Wahres wäre.

Im Juli[3]) versammelten sich dann zu Viviers unter dem Vorsitz des Magisters Zoën von Bologna, Vicars des Legaten Jacob, die Prälaten Süd-Frankreichs,[4]) um über Raimund VII. zu beschließen. Er wurde beschuldigt, die Anhänger der Kirche, d. h. Arles und den Grafen von Provence, besonders, nachdem sie gegen Friedrich II. das Kreuz genommen hatten,[5]) angegriffen und den von Jacob gebannten Nuntius Berard begünstigt zu haben, trotz des Eides, den er dem Bischof von Sora geschworen habe; auch hätte er sich geweigert, den den Bischöfen von Vaison, Cavaillon und Avignon zugefügten Schaden zu ersetzen. Daher wurde er und seine Gönner gebannt, u. A. auch Barral de Baux und die Bewohner von Marseille.

Mehr als diese Maßregeln der Kirche wirkte das Vorgehen Ludwigs IX. Er bestimmte, dass 700 Ritter nebst Fußvolk zum Schutze der französischen Unterthanen an den Rhône marschirten.

---

1) 10. Mai, Corbie (bei Amiens) 1240. **Winkelmann** 663.

2) 20. Juni 1240. **Winkelmann** 664.

3) 12. bis 15. Juli 1240. Ibid. 665.

4) Erzbischöfe: von Aix, Vienne, Narbonne. Bischöfe von: Nimes, Albi, Toulouse, Uzès, Rodez, Agde; Viviers, Orange, Tricastin.

5) „Praesertim postquam cruces receperunt in subsidium ecclesiae contra Fredericum et fautores ejus." Also man hatte einen vollständigen Kreuzzug gegen den Kaiser gepredigt und eingeleitet.

Sodann verwandte er sich, wie auch der König von England, für seinen Schwiegervater und beschwerte sich über Raimund VII. bei Friedrich II.[1]) Dieser antwortete, der Graf hätte die französischen Unterthanen nur aus Nothwehr bekämpft; er würde jeden Schaden ersetzen, wenn man ihm den seinigen ersetze; jede Feindschaft mit Frankreich wolle man sorgfältig vermeiden. Ebenso entschuldigte sich Raimund VII. selbst beim König und hob die Belagerung von Arles, das sich tapfer vertheidigt hatte, auf. Nun zog auch Frankreich seine Truppen zurück. — Den Grafen riefen bedenkliche Nachrichten nach Avignon; es galt, die Stadt dem Kaiser zu erhalten.[2])

Wir sahen, wie der Vicar Berard nach Avignon geflohen war, wo man ihn bereitwillig aufgenommen und sogleich an seine Feinde den Krieg erklärt hatte; dafür hatte der Legat die Stadt zugleich mit dem Vicar gebannt. — Berard hatte sich alsbald nach seiner Ankunft zum Podesta der Stadt gemacht;[3]) aber er verstand es nicht, die Gunst der Bürger zu gewinnen. Durch seine Unfähigkeit[4]) dreist geworden, erhob sich plötzlich in der sonst so reichstreuen Stadt eine mächtige Partei, welche es mit dem Clerus und dem Grafen von Provence hielt; sie bewaffnete sich gegen Berard, um ihn aus der Stadt zu treiben. Jetzt war Raimund von Toulouse die einzige Hoffnung der Kaiserlichen; ihn liebte und fürchtete die Stadt; daher übergab ihm Berard im August, da er die Zügel des Regiments ganz verloren hatte,[5]) mit Uebereinstimmung des Parlaments das Podestariat. Indess aber hatte Friedrich II. von diesen Vorfällen erfahren und er sandte sogleich einen neuen General-Vicar, Graf Walter von Manupello,[6]) in's Arelat. Auch er sollte natürlich zugleich das Podestariat von Avignon übernehmen. Raimund stellte ihm vor, unter welchen Umständen er das Amt überkommen hätte und dass er selbst es am besten zum Nutzen des

---

1) Vgl. Vaissète III, 419.

2) S. das Folgende in der Urk. bei HB. V, 1022; 11. Aug. 1240.

3) S. o. den Brief Friedrichs II. vom September c. 1239. Nicolin Spinola war also schon abberufen; er erscheint auch Ende 1239 schon als sicilischer Admiral (HB. V, 576).

4) ... Quia nolebat vel nesciebat regere civitatem ... ibid.

5) ... Propter defectum regiminis ipsius comitis Berardi ... ibid.

6) HB. u. Ficker (Forschungen §. 407) haben wohl Recht, wenn sie den comes Gualterius unserer Urk. mit dem Gr. v. Manupello für identisch halten.

Kaisers verwalten könne; daher hat er ihn, auf dasselbe zu verzichten oder doch zu warten, bis der Kaiser neue Befehle darüber geschickt hätte. Walter aber weigerte sich dessen entschieden und so übergab ihm der Graf, der dem kaiserlichen Vicar in jeder Weise gehorchen wollte, das l'odestariat von Avignon.[1])

Walter ist der letzte General-Vicar des Arelats, den wir finden. Auch von ihm ist sonst nichts bekannt, mit Ausnahme eines Aktes, der uns zeigt, dass Friedrich II. seine Städtepolitik noch nicht aufgegeben hatte. In seinem Namen erklärte nämlich Walter, dass, da die Einwohner der Stadt Gap versprochen hätten, ihrem Bischof in den Lehnspflichten zu genügen, er genehmige, dass dieser künftig nur das reichslehnbare Landgebiet besitze; der Stadt Gap aber bestätigt er ihr Consulat,[2]) ihr Gebiet und ihre Jurisdiction gegen das Versprechen, dass sie dem Reiche alle servicia erfüllen wolle. Am 5. August 1240 leisteten die Bürger dem Kaiser den Treueid;[3]) und „so wurde die cité dauphinoise in eine unmittelbare Stadt nach germanischem Recht verwandelt," wie sich Thierry in seiner „histoire du tiers état" hierüber ausdrückt.[4]) — — —

Es ist dies der letzte uns bekannte Akt eines Reichsvicars im Arelat; auch von Maßnahmen des Kaisers für dieses Reich ist, wie gesagt, in den nächsten Jahren nichts zu hören. Hingegen arbeitete die kirchliche Partei unter der umsichtigen Leitung Jacobs von Praeneste eifrig daran weiter, die Autorität Friedrichs in Burgund zu brechen und seine letzten Anhänger durch Verlockungen und Strafen auf ihre Seite zu ziehen. 1241 erließ der Vicar Jacobs, Zoën, ein Bologneser, der den Hass seiner Heimath gegen Friedrich II. jetzt im Dienste der Kirche bethätigte, ein Edikt,[5]) worin Alle, welche in der Diöcese Avignon — zu deren Bischof er erwählt war — „Friderico dicto imperatori" Rath, Hilfe und Gunst erwiesen, ihrer Kirchenlehen für verlustig erklärt wurden. Jacob selbst versuchte sich an der schwersten Aufgabe, Raimund VII. auf die Seite

---

1) 12. Aug. 1240.

2) Bis dahin geht der Auszug dieses Aktes bei Valbonnais (I, 251), dessen schwer verständliche Worte ich in dieser Weise erkläre.

3) Diese folgenden Notizen giebt HB. (Intrdt. 259), ohne Angabe der Quelle.

4) Bd. II, Introdt. p. LX.

5) Pertz Archiv VII, 29.

des Pabstes zu bringen; und seine Mühe wurde von bestem Erfolge
gekrönt. Im Februar 1241 kam der Vertrag zwischen ihnen zu
Stande, der den Grafen verpflichtete, der Kirche seine Kräfte gegen
Friedrich II. zu leihen.[1]) — 14 Tage schloss Raimund mit Ludwig
von Frankreich zu Montargis Frieden;[2]) er leistete ihm den Lehns-
eid und verpflichtete sich, alle Bestimmungen des Pariser Vertrags
von 1229 einhalten und die gegen denselben erbauten Festungen
zerstören zu wollen. — Im April folgten dann weitere Verträge des
Grafen mit König Jacob von Aragon;[3]) man versprach, der Kirche
gegen Jedermann beizustehen mit Ausnahme des Königs von Frankreich und des Grafen von Provence.

Somit war das Werk des Legaten vollständig gelungen: die
Coalition aller bisher feindlichen großen Mächte des Westens gegen
den Kaiser schien nun durchgeführt zu sein, da auch der Graf von
Toulouse derselben beitrat und sich auf Wunsch des Pabstes vor
seinen Feinden demüthigte. Was ihn hierzu bewog, ist leicht zu
sehen. Es war Pflicht der Selbsterhaltung, die ihn, der jetzt ohne
den Schutz des Kaisers ringsum in seinen Ländern von Feinden eingeschlossen war, zwang, sich mit denselben zu einigen; es war auch
besonders der Wunsch, vom Banne loszukommen, durch welchen
ihn die Kirche in jeder Bewegung auf's empfindlichste behinderte.
Konnte er dies nicht erreichen, so war er immer wieder berechtigt,
die Partei des Kaisers, an die ihn alte Anhänglichkeit fesselte, wieder zu ergreifen.

Letztere Absicht sehen wir schon deutlich in Raimunds neuem
Vertrage mit Jacob von Aragon im Juni[4]) hervortreten. Zu Montpellier waren beide mit dem Grafen von Provence zusammengetroffen; man hatte sich zum Beistand der Kirche gegen Friedrich II.
verbunden. Aber der König von Aragon musste sich verpflichten,

---

1) Wir wissen von diesem Abkommen nur durch den Befehl Raimunds
an den Gr. v. Foix, die Consuln von Toulouse u. A., den er auf dem Wege
zu Ludwig IX. von Clermont aus erließ, (März 1241; HB. V, 1101); jene
sollten schwören, nach Kräften sorgen zu wollen, dass Raimund sein Versprechen, der Kirche gegen Friedrich II. zu helfen, halte; wenn nicht, so
sollten sie ihn im Auftrag der Kirche bekriegen.

2) 14. März 1241. Teulet II, 442.

3) 18. und 23. April 1241, Montpellier Teulet 444. 445.

4) Teulet II, 450. 6. Juni 1241.

für Raimund VII. beim Pabste Absolution vom Banne und Beschränkung der Inquisition auszuwirken; gelänge ihm dies nicht, so sollte Raimund seines Versprechens, der Kirche gegen Friedrich II. zu zu helfen, entbunden sein.

Dass es dem Grafen mit der gelobten Unterstützung der Kirche nicht sehr Ernst war, beweist noch mehr die Bulle Gregors IX. vom 17. Juli 1241,[1]) worin er, bewogen durch die Klage des Grafen von Provence alle Prälaten ermahnt, den letztern gegen Raimund VII. und andere Anhänger des Kaisers zu schützen; trotz seines Versprechens habe Raimund weder Schadenersatz geleistet, noch enthalte er sich jetzt feindlicher Handlungen gegen die Schützlinge der Kirche.

So hatte der Vertrag Raimunds mit dem Legaten der Kirche wenig Nutzen gebracht; und dies kam wohl daher, dass Jacob von Praeneste selbst nicht über der Ausführung desselben wachte. Der Legat war bekanntlich am 3. Mai 1241 nebst einer großen Menge von Prälaten des westlichen Europas auf dem Wege von Marseille nach Rom, wohin sie Gregor zum Concil berufen hatte, von der kaiserlichen Flotte gefangen worden. Auch aus Burgund waren mehrere Kirchenfürsten auf der Fahrt gewesen: der Erzbischof von Besançon war mit seinem Schiffe untergegangen. Jean Baussan von Arles, mit wenigen Anderen glücklich der Gefangennahme entronnen, berichtete von Genua dem Pabst den traurigen Ausgang der Expedition,[2]) ihn zu schärferem Vorgehen gegen den Tyrannen aufstachelnd.

Dieser Erfolg Friedrichs II. übte die nachhaltigste Wirkung. Der Graf von Provence hatte — wenn auch zu spät — die vertragsmäßigen Hilfstruppen der Curie geschickt; doch als sie zu Genua die Nachricht von der Seeschlacht erhielten, fühlten sie sich veranlasst, nach Hause umzukehren.[3]) — Auch Raimund VII. hatte sich, allerdings ohne Truppen, zum Concil begeben wollen, um vom Banne loszukommen; er gelangte nur bis Marseille, wo er von dem Erfolge des Kaisers hörte.[4]) Dieser und dann der Tod des Pabstes

---

1) **Papon** II. pr. no. 68.

2) 10. Mai 1241. HB. V, 1120.

3) **Anibert** III, 135 b. (ohne Quellenangabe.)

4) **Wilh. v. Puy-Laur. Bouquet XX.** Cap. 44.

(August 1241) ließ ihn daran denken, die alten Verbindungen mit Friedrich II. wieder anzuknüpfen.

Es ist hier nicht der Ort, die so vielfach wechselnde, unstäte Politik des Grafen zu verfolgen.[1]) Nachdem das Streben nach Absolution vom Banne seit der Niederlage der Kirche etwas zurückgetreten war, beherrscht ihn der Gedanke, sich wieder zu vermählen, um seinen Namen nicht aussterben zu lassen; dann aber ergreift er auch die Gelegenheit, sich wieder feindlich gegen Frankreich zu stellen, um wo möglich die 1229 abgetretenen Länder wieder zu erobern. Zu diesem Zwecke sehen wir ihn schon im Mai mit seinem frühern Gegner, dem Erzbischof von Arles, Verbindungen anknüpfen. Er leistete ihm nämlich zu Cavaillon[2]) das homagium für die Besitzungen Beaucaire und Argence, „welche er und seine Vorgänger von der Kirche Arles zu Lehen trügen." Hiervon ist uns aber sonst nichts bekannt; die beiden Orte in Languedoc gehörten seit 1229 zu Frankreich, und in Beaucaire war eine wichtige königliche Sénéchaussée eingerichtet. Nun aber erbot sich Jean Baussan: „quod nos ad recuperationem et conservationem feudi praedicti ... cum toto posse nostro, vivam guerram faciendo ... juvabimus;" es ist also deutlich der Gedanke der Wiedereroberung ausgesprochen. Auffallend ist nur, dass sich der Erzbischof zu diesem Versprechen, das sich ganz gegen Frankreich richtete, verstand; doch erkaufte er sich damit das homagium des langjährigen Feindes; die Erfüllung ließ sich dann immer noch umgehen. — — —

Im Herbste 1241 schloss sich Raimund dann der Coalition an, die den Grafen von Marche in seiner Rebellion gegen Ludwig IX. unterstützte und ihre Hauptstütze in England sah. Dem Vertrag mit Heinrich von Marche gegen Frankreich[3]) folgte im Frühjahr 1242 Raimunds Angriff auf die französischen Besitzungen und die Einnahme von Narbonne. Trotz erneueter Excommunication[4]) schloss er dann zu Bordeaux mit König Heinrich von England einen Vertrag[5]) gegen Ludwig; sie wollen sich gegenseitig schützen gegen

---

1) Vgl. Vaissète III, 420 ff.

2) 30. Mai 1241. Teulet 448.

3) 15. October 1241. Teulet 457.

4) 6. Juni 1242. Ibid. 658.

5) 28. Aug. 1242. Vaissète III, 434.

Jedermann, mit Ausnahme des Kaisers Friedrich II., den Raimund „seinen Herrn" nennt.

Und gleich darauf im October unterhandelt Raimund schon wieder mit Ludwig IX.! Die Siege desselben über die Rebellen ließen ihn an seine Sicherheit denken. Schon am 30. November 1242 musste er wiederum Unterwerfung und Rückkehr zu den Pariser Bestimmungen versprechen.[1]) Man kann es Heinrich von England nicht verdenken, wenn er hiernach sich bei Friedrich II. über die Untreue Raimunds beklagt,[2]) der ihm doch versprochen hätte, nicht ohne vorherige Anzeige mit Ludwig IX. Friede zu machen und nun seinen Eid so bald gebrochen habe. — — —

Im Arelat hatten sich mittlerweile wichtige Veränderungen vollzogen, wenn auch der Kaiser an denselben unbetheiligt blieb. Der einzige und unwesentliche Akt, den er (von 1239 bis 1243) erließ, war 1242[3]) für Raimund von Medouillon, einen kleinen Herrn aus der Gegend von Sisteron. Ihm gewährte er die Bitte, die Strafen, welche einst Berard von Loreto, als arelatischer Vicar, dem Gegner Raimunds, Moncalinus,[4]) auferlegt hatte, zu bestätigen.

Doch dass man sich so an den Kaiser selbst wendet, steht eben ganz vereinzelt da. Im Ganzen einigt man sich jetzt im Arelat ohne Hilfe des Kaisers, oder bestellt ein Schiedsgericht. Auf diese Weise kam z. B. jetzt eine Sache zum Austrag, in der nun seit 35 Jahren kaiserliche Sentenzen ergangen waren, ohne etwas zu fruchten: der Streit Wilhelms von Sabran und der Abtei Montmajour über das castrum Pertuis. Diesmal hatte man sich an den Pabst gewandt; von ihm wurde Jean Baussan zum Schiedsrichter eingesetzt, welcher dann den Grafen, trotzdem er sich auf das kaiserliche Privileg von 1235[5]) berief, zur Abtretung von Pertuis und zum Schadenersatz verurtheilte.[6])

---

1) Teulet 481, 482, 484. Im Januar beschwor er dann am Hofe des Königs zu Lorris den neuen Vertrag.

2) Bordeaux, 8. Jan. 1243. HB. VI, 905.

3) 3. Nov. Baroll. Chevalier Collect. des cart. Dauph. VI, 2, 87.

4) „Moncalino adversario suo." Wahrscheinlich ist zu lesen Monclarino, d. h. von Montclar (vgl. Valbonnais I, 250; oder Montalbano? Montauban lag dicht neben Medouillon.

5) S. o. S. 85.

6) Salon, 6. Aug. 1242. Bouche II, 245 f.

Auch zwischen den beiden Grafen von Provence und Toulouse war Johann von Arles Vermittler, als sie im Juni 1243[1]) eine treuga bis zum November schlossen; er vereidigt sie und ihre Anhänger, besonders Barral de Baux, der um diese Zeit im Arelat als Podesta von Avignon, später auch von Arles, eine bedeutende Rolle zu spielen anfängt. — Aus der Urkunde sehen wir, dass die Feindseligkeiten zwischen den beiden Grafen noch immer weiter gegangen waren. Aber noch ein andres wichtiges Faktum dieser Zeit scheint aus derselben hervorzugehen: der Abfall der Stadt Avignon von Raimund VII. Der Graf von Provence schwört nämlich, die treuga zu halten für sich und diejenigen, qui sunt de regimine nostrorum; er fährt fort: et specialiter pro ... Zoën electo Avinionensi et terra sua et hominibus suis, et consulibus, communi et universitate Avinionensi[2]) ... Aus diesen Worten kann man wohl schließen, dass der Uebertritt der Stadt zur kirchlichen Partei, über den wir sonst nur durch das Edikt Friedrich II. von 1244 (s. u.) Kenntniss haben, bereits viel früher erfolgt war. Gewiß hatte jene Partei, die schon 1240 ihr Haupt erhob, jetzt — während der Abwesenheit Raimunds VII. in dem französischen Kriege — mit dem Bischof Zoën, der Hauptstütze der antikaiserlichen Richtung,[3]) gemeinschaftliche Sache gemacht und die Stadt dem Grafen von Provence überliefert. Damit wird es auch leicht erklärlich, warum wir nach 1240 c. keine Reichsvicare mehr im Arelat finden: dieses Amt hatte ja seinen Halt in dem damit verbundenen Podestariat von Arles, dann von Avignon; da diese beiden bedeutendsten Communen nun antikaiserlich waren, andrerseits auch Raimund VII. sich 1241 der kirchlichen Partei angeschlossen hatte, so gab es keine Macht mehr, die dem Willen des Reichsvicars irgendwelchen Nachdruck verleihen konnte.

In diesen Tagen fiel dann auch die dritte große Commune, Marseille, von Raimund VII. ab.[4]) Noch 1242 finden wir seinen Viguier hier; doch im Frühjahr 1243 erreichte der Graf von Provence endlich sein langjähriges Ziel. Im Mai hob Bischof Benno den Kirchenbann auf und im Juni 1243 schloss Raimund-Berengar mit

---

1) Beaucaire 29. Juni 1243. Teulet 514, schlecht bei Vaissète pr. p. 425.

2) Dieser Passus fehlt bei Vaissète.

3) Vgl. HB. VI, 115.

4) Méry et Guindon l. c. I, 436 und 439.

der Stadt Frieden. Ihre Stellung und Rechte blieben unverändert; auch jetzt wurden ihr ihre freien Institutionen gelassen; der Graf setzte nur seinen Viguier in der Stadt ein. — — —

So standen die Dinge im Arelat 1243. Der Graf von Toulouse hatte seine Macht zum großen Theil verloren, und der Kaiser war gezwungen, den Vorgängen unthätig zuzuschen, so lange sich der Graf ihm nicht wieder genähert hatte. Beide waren auf einander angewiesen, und so musste es Friedrich II. sehr willkommen sein, als der Graf im Herbst 1243[1]) nach Italien kam, um mit Pabst und Kaiser zugleich Frieden zu machen. Am 2. Dezember befahl der neue Pabst Innocenz IV. dem Erzbischof von Bari, den Grafen von der Excommunication loszusprechen,[2]) „da er, als einer der bedeutendsten Fürsten, der Kirche noch sehr nützlich sein könne." Diese Entscheidung zeigt er sogleich dem König Ludwig, als auf seine Bitten geschehen, an; im Januar meldet er sie an Zoën, der sie in der Diöcese Avignon publiciren soll.[3])

Sogleich widmete sich nun Raimund mit allem Eifer[4]) den Friedensverhandlungen zwischen Pabst und Kaiser, deren Gang wir hier nicht zu verfolgen brauchen. Am 31. Mai 1244 beschwor er bei Innocenz den Frieden,[5]) der indess nicht von langer Dauer war. Noch im August finden wir den Grafen beim Kaiser. Wilhelm von Puy-Laurent sagt hierüber:[6]) ... „adiit sedem apostolicam et tam apud Imperatorem, quam apud curiam moram traxit per annum aut circa; et obtinuit sibi restitui terram Venaissini." Es entsteht nun zuerst die Frage, wer dem Grafen das Venaissin restituirt hat, ob der Pabst oder der Kaiser. Meistens hat man eine Restitution durch den erstern angenommen und daraus gefolgert, was wir oben schon widerlegt haben, dass jetzt 1243 die Kirche überhaupt erst dem

---

1) Die Nachricht des Riccard de S. Germano (MS. XVIII, 383), dass Raimund schon Sept. 1242 nach Melfia kam, ist falsch; ob er über den Aufenthalt 1243 richtige Notizen giebt (p 384) ist nicht zu entscheiden.

2) Teulet 523.

3) Ibid. 524, 528.

4) Qui ad hoc satis efficaciter et fideliter laboravit. IIB. VI, 170 ähnlich 207.

5) Chron. Placentin. Mon. hist. Parm. III, 167.

6) Bouquet recueil XX, 770 A.

Grafen das Venaissin zurückgegeben habe.[1]) Doch muss man eine jetzt erfolgte Restitution entschieden bezweifeln, denn in allen Urkunden, welche den Frieden Raimunds mit dem Pabst verkünden, ist davon mit keiner Silbe gesprochen.

Eher möglich ist die Annahme Vaissètes,[2]) dass in der obigen Stelle eine Restitution des Venaissin durch den Kaiser ausgesprochen ist. Danach müsste ihm Friedrich II. nach seinem Vertrag mit dem Legaten (1241) das Venaissin genommen haben, wovon wir sonst nichts wissen. Aber dies widerspricht einem Briefe des Kaisers an Raimund VII., der ihm seine Absicht, nach Italien zu kommen, gemeldet hatte.[3]) Friedrich II. bedauert darin sein langes Schweigen dem Grafen gegenüber, versichert aber, dass „seine Zuneigung zu ihm trotz aller Zufälle der Zeit unverändert sei[4]) und dass Raimund, wenn er die löbliche Absicht, zum Kaiser zu kommen, ausführen würde, diesen zu allen Gegendiensten bereit finden könnte." Danach scheint es, als hätte Friedrich über das Vergegangene einen Schleier decken wollen; es geht aber daraus auch hervor, dass Raimunds Abfall vom Kaiser nicht die Reichsacht und die Entziehung des Venaissin zur Folge gehabt hat, sondern nur das Aufhören der alten Beziehungen, die der Kaiser nun wieder anzuknüpfen versucht. Demgemäß ist eine befriedigende Erklärung der obigen Worte des Wilhelm von Puy-Laurent nicht zu finden. — — —

Im August 1244 erließ Friedrich II. mehrere auf das Arelat bezügliche Diplome unter Beirath des Grafen, welche uns zeigen, dass die dortigen Verhältnisse sich immer mehr zum Nachtheil des Reichs gestalteten. In dem einen Erlasse[5]) nimmt der Kaiser dem Bischof von Viviers das seinem Vorgänger einst gewährte[6]) Zollrecht, weil er, den kaiserlichen Befehl missachtend, sich den Rebellen

---

1) 1239 erkennt der Legat selbst Venaissin und Marseille als dem Grafen gehörend an (S. o. S. 121, 1).

2) l. c. III, 443 und 585.

3) Petrus de Vineis III, 32. Dass der Brief in diese Zeit zu setzen ist, steht fest, da die soeben vollzogene Heirath mit Margaretha v. Marche (c. Frühjahr 1243) darin erwähnt wird. Vgl. Vaissète 586.

4) Illum enim, quem ad te semper habuimus, dilectionis affectum nunquam in nobis variare posset alteritas, nec accidentium supervenientium qualitas minorare.

5) Pisa, August 1244. HB. VI, 231.

6) Uns ist für diesen nur die Priv.-Bestätigung von 1236 bekannt.

angeschlossen hätte. — Aus demselben Grunde wird auch die Commune Avignon bestraft. [1]) Raimund hatte 1220 seine Lehnshoheit über Gerald und Peter Amici, Besitzer bedeutender Gebiete bei Avignon, an die Commune abgetreten; jetzt werden diese derselben wieder entzogen und unmittelbar unter den Grafen gestellt, weil die Stadt, die dem Kaiser schuldige Treue vergessend, den vom Reiche Gebannten und den Todfeinden des Grafen sich angeschlossen hätte und gegen ihn einen verwerflichen Krieg führe.

Somit sehen wir den Abfall Avignons, dessen Spuren wir schon 1243 wahrnahmen, [2]) zur Thatsache geworden; er bezeichnet das endgültige Scheitern der Städtepolitik Friedrichs II. im Arelat. Die drei Communen und der Clerus im Bunde mit dem Grafen von Provence waren nun auf antikaiserlicher Seite, und so ist es erklärlich, dass die letzten Akte Friedrichs für Arelat sich auf die kleinen Herren des Landes beziehen. Selbst sein Verhältniss zu Raimund von Toulouse gestaltete sich in der Folge nicht weiter Nutzen bringend für das Reich. — — — —

Um dieselbe Zeit, als Raimund den Kaiser verließ, um nach Hause zurückzukehren, befand sich auch Pabst Innocenz IV. auf dem Wege nach Burgund; im Dezember 1244 langte er in Lyon an, welche Stadt er sich zur Abhaltung des großen Concils, das den langen Streit zwischen Kirche und Kaiser entscheiden sollte, ausersehen hatte. [3]) Es ist oft und mit Recht hervorgehoben, wie ganz einzig Lyon, gleichsam ein neutraler Boden zwischen dem Reiche und Frankreich, hierzu geeignet war und man hat es Friedrich II. zum Vorwurf gemacht, dass er diese Stadt, die noch unter Friedrich I. und Heinrich VI. mit dem Reiche verbunden war, so ganz

---

1) Pisa, August 1244. HB. VI, 230.

2) Wie kommt es aber, dass Friedrichs Strafsentenz so spät erfolgte, obwohl doch Raimund schon fast ein Jahr bei ihm war? Vielleicht gehört die Notiz bei Vaissète (III pr. p. 108, in der sogen. Chronik, die öfters eine richtige Thatsache zu falschem Jahre giebt): „Friedrich II. dedit Raim. comiti Tol. omne jus et dominium civitatis Av. propter rebellionem civium" nicht zu 1245, sondern zu 1243. Dann hätte der Kaiser schon 1243 dem Grafen die Seigneurie und Jurisdiction der Stadt übertragen, also auch das Podestariat, was er 1240 noch nicht hatte zugestehen wollen; somit ist auch mittelbar ein Verzicht auf die Einsetzung von Reichsvicaren ausgesprochen.

3) Ich kann dieses Concil um so rascher übergehen, als Hüffer (Lyon 82—95) ausführlich davon gehandelt hat.

vernachlässigt hätte, dass den Zeitgenossen schon das Gefühl für ihre Zugehörigkeit zum Reiche fast völlig geschwunden war.[1]) Es bleibt nur die Frage, wie es gekommen ist, dass Friedrich II., der sonst mehr, als einer seiner Vorgänger, in der richtigen Erkenntniss der Bedeutung Burgunds, dessen Zusammenhang mit dem Reiche zu festigen bestrebt war, gerade zu dem wichtigen Lyon keine Beziehungen gewann.

Einmal war die Trennung Deutschlands von Italien 1220 daran Schuld; wenn Arelat-Vienne zum Bereiche des Kaisers, die Pfalzgrafschaft zu dem des deutschen Königs gehörte, fiel Lyon an keinen von Beiden und somit aus dem Rahmen des Reichs überhaupt heraus. Des Königs Macht reichte nicht so weit und des Kaisers Interesse für Burgund wurde doch zum großen Theil durch die größere oder geringere Entfernung von Italien bedingt. Daher ging seine Bestrebung darauf, vor Allem die Provence, in zweiter Linie die Dauphiné sich unterthänig zu machen; wäre ihm dies gelungen, dann hätte er wohl auch auf Lyon sein Auge gerichtet. Seine Vorgänger, Friedrich I. und Heinrich VI., weit davon entfernt, dem Arelat so viel politische und administrative Arbeit zu schenken, wie Friedrich II., hatten sich mit Privilegien-Verleihungen begnügt; dafür waren sie aber in Person in Burgund erschienen, Beide auch in Lyon gewesen. Friedrich II., nüchtern und praktisch, wie er war, hielt seine Verwaltung mit Recht für ein besseres Mittel, seine Autorität geltend zu machen; dabei aber vergaß er, dass auch schon die äußerliche Repräsentation und der sichtbare Glanz der Kaiserwürde in diesem Reiche und besonders in den Gegenden, wohin seine Beamten nicht kamen und wo er sonst auch keine Stütze seiner Macht hatte, viel ausmachte. — Sodann mag es auch Besorgniss gewesen sein, sich mit dem befreundeten Frankreich über die heikle Grenzfrage zu entzweien, die ihn von einem engern Connex mit diesen transrhodanischen Gebieten abhielt: Friedrich II. hat niemals ausdrücklich die Rechte des Reichs auf Lyon und Viviers ausgesprochen, wie dies nachher Rudolf von Habsburg — natürlich mit wenig Erfolg — gethan hat. Wenn der Bischof von Viviers sich seine Privilegien bestätigen zu lassen wünschte, that es der Kaiser gern; der Erzbischof von Lyon aber kam nie zum Hoftage, holte auch keine Verbriefung ein; der Kaiser, der vielleicht mit Unrecht

---

1) **Hüffer** l. c. 86. **Schirmacher** F. II. IV, 89 f.

diesen rein formellen Akt unterschätzte, that nichts, ihn dazu anzu-
halten, und so verlor sich der Zusammenhang mit dem Reiche immer
mehr. — Wenn Hüffer sich aber wundert, dass Friedrich II. in
seinen Protesten gegen das Concil zu Lyon nie die Zugehörigkeit
der Stadt zum Reiche betont, so ist dies doch leicht erklärlich:
erstens konnte doch dieser Umstand nichts gegen die Rechtskräftig-
keit der Concils-Beschlüsse beweisen, zweitens aber mochte sich der
Kaiser wohl hüten, etwas auszusprechen, was seine Schwäche so
offenbar zeigte, welche ihn unfähig machte, einem sich auf seinem
eigenen Boden abspielenden, ihm so feindlichen Unternehmen entgegenzutreten. — — — —

Von den Fürsten des Arelats finden wir zu Lyon Jean Baussan
von Arles und die beiden Grafen von Provence und Toulouse. Innocenz IV. verfehlte nicht, sich ihrer Angelegenheiten anzunehmen.
Schon 1244[1]) hatte er sich eifrig bemüht, den Waffenstillstand
zwischen ihnen zu verlängern, „wodurch der schon so lange wüthende
Krieg zwischen beiden gehemmt würde;" auch jetzt betrieb er eifrig
ihre Versöhnung, natürlich in dem Sinne, dass Raimund von Toulouse an das Interesse des Grafen von Provence gefesselt und damit
vom kaiserlichen abgezogen würde. Dies gelang auf's Beste durch
den Köder einer Ehe mit Beatrix, der jüngsten Tochter Raimund-
Berengars, den man dem leichtgläubigen Grafen von Toulouse hin-
warf. — — — —

Die wichtige Frage der provençalischen Erbfolge, — deren Entscheidung dann schließlich das westeuropäische Staatensystem so
wesentlich veränderte, — war schon lange Gegenstand politischer
Entwürfe und Hoffnungen gewesen.

Raimund-Berengar hatte aus seiner Ehe mit Beatrix von Savoien
keinen männlichen Erben, sondern vier Töchter, die sich dann in
der Folge mit den vier mächtigsten Herrschern des Occidents ver-
heiratheten. In seinem Testament[2]) hatte der Graf seine jüngste,
noch unverheirathete Tochter, die schöne Beatrix, zur Erbin der Provence eingesetzt, die übrigen Töchter[3]) mit kleineren Dotationen
abgefunden. So wurde nun eine Heirath mit Beatrix das begehrte

---

1) **Raynaldi** ann. eccl. 1244 §. 17.

2) 1238, 20. Juni, Sisteron. **Teulet** 378.

3) Die dritte, Sancie, welche später Richard v. Cornwallis heirathete,
hatte nach Beatrix die Anwartschaft auf die Provence.

Ziel der westlichen Höfe; aber von Niemand mehr begehrt, als von
Raimund VII.

Auch sein altes Geschlecht war dem Erlöschen nahe; seiner
Tochter Gemahl Alfons, Bruder Ludwigs IX., sollte die Grafschaft
erben; für Raimund, der so lange gegen die französische Occupation
gekämpft hatte, gewiss eine schmerzliche Aussicht, wogegen ihm
eine Ehe mit Beatrix die Möglichkeit bot, mit seinem Besitz noch
den der ganzen Provence bei seinem Stamme zu vereinigen. Von
diesem Gedanken beherrscht, versäumte er nichts, die der Heirath
entgegen stehenden Hindernisse, vor Allem seine junge Ehe mit
Margaretha von Marche, zu beseitigen, obschon er sich doch hätte
sagen müssen, dass weder der Pabst, noch der König von Frankreich eine solche Machtausdehnung der Grafen von Toulouse über
den ganzen Süden Frankreichs jemals zulassen, viel weniger begünstigen konnten. Auch hatte Ludwig, oder vielmehr seine kluge
Mutter Blanche, schon Verbindungen angeknüpft, die Hand der Beatrix seinem jüngsten Bruder Karl von Anjou zu verschaffen, was
besonders von ihrer Mutter, der Gemahlin Raimund-Berengars, unterstützt wurde.

Auch der Pabst billigte diese letztere Verbindung wohl jetzt
schon am meisten; wurde doch durch sie der Bruder seines Gönners
in die Provence eingesetzt und so hier eine französische Secundogenitur geschaffen, welche unfehlbar sehr bald in einen feindlichen
Gegensatz zum deutschen Kaiser im Arelat treten musste. Vorerst
aber war er weit davon entfernt, sich für einen der Concurrenten
— zu denen noch der Sohn des Königs von Aragon hinzukam —
zu entscheiden; hatte er doch so eine wichtige Handhabe, dieselben
von sich abhängig zu machen. Vor Allem schien er Raimund VII.
zu begünstigen, indem er ihn nicht nur wieder in seinen und der
Kirche Schutz nahm,[1] sondern auch durch den Cardinal Octavian
die Ungiltigkeit seiner Ehe mit Margaretha von Marche aussprechen
ließ.[2] Die Bestätigung dieses Spruchs und den Consens zur Ehe
mit Beatrix stellte er in sichere Aussicht und so verließ Raimund,
nach einer völligen Aussöhnung mit dem Grafen von Provence, das
Concil.

---

1) Lyon, 27. April 1245. Teulet 566.
2) Lyon, 3. August 1245. Ibid. 578.

Kaum aber waren Beide in ihr Land zurückgekehrt, als durch
den plötzlichen Tod des letzteren (19. August 1245) die Frage der
Erbfolge zur schnellen Entscheidung drängte. Die gewaltigen Interessen der Höfe, welche hier auf dem Spiele standen, zeigten sich
nun in den eifrigen Bemühungen der Concurrenten, bei denen Intriguen und Gewalt eine gleich große Rolle spielten.

Plötzlich trat zu den Bewerbern ein neuer hinzu, König Konrad
von Deutschland; oder richtiger, sein Vater bewarb sich für ihn,
ohne dass der Sohn davon wusste. Denn bei der Wichtigkeit der
Sache galt es keine Zeit zu verlieren; und Friedrich II. zögerte
nicht, die nahe bevorstehende Vermählung Konrads mit Elisabeth
von Baiern dieser provençalischen Ehe zu opfern. Wenigstens musste
er den Versuch machen, der päbstlichen Partei zuvor zu kommen.
Ende September 1245 erhielt der Admiral Andreolo de Mari den
Befehl, von Savona mit 20 Galeeren nach der Provence zu segeln,
um hier zu bewirken, dass die Erbin Beatrix König Konrad zur
Ehe gegeben würde. Doch konnte der Admiral nichts ausrichten.[1]

So die Aussage eines gleichzeitigen und nahestehenden Berichts,
den wir nicht verwerfen können, selbst nicht bei dem Widerspruche
mit der schon am 1. September vollzogenen Heirath Konrads mit
Elisabeth. Wir müssen uns denselben so erklären, dass Friedrich II.,
obwohl von jener Heirath unterrichtet, es doch für gut hielt, eine
Werbung für seinen Sohn in der Provence zu versuchen und dieselbe
durch eine Flottendemonstration zu unterstützen: in der Provence
hielt man Konrad noch für unvermählt und so erreichte der Kaiser
seinen Zweck, ohne den Schein einer feindlichen Absicht in die be-
vorstehenden Ereignisse dortselbst eingreifen zu können.

Dennoch musste der Nutzen dieser Maßregel sehr bald illuso-
risch werden, wie denn überhaupt die Politik des Kaisers in dieser
Erbschaftsfrage von zweifelhaftem Vortheil war. Dem Ernst der
Dinge, die sich nun in der Provence vollzogen, hätte allein eine
kräftige Unterstützung Raimunds von Toulouse entsprochen, dessen
Erfolg auch für die Interessen des Reichs nur förderlich sein konnte.
So aber erhielt die französische Partei bald freien Spielraum.[2]

Zu dieser gehörte ausser Beatrix, der Gemahlin des verstorbenen

---

1) Bartholom. scribae Ann. Genuenses MS. XVIII, 218.

2. Hauptquelle für das Folgende Wilhelm von Puy-Laurent
(Bouquet l. c.)

Grafen, auch Romée de Villeneuve, sein bedeutendster Rathgeber, jetzt Verweser der Provence. Ihm entging es nicht, dass Raimund gewonnenes Spiel haben würde, wenn er seine Werbung auf der Stelle mit hinreichender Truppenmacht, wie sie ihm ja zu Gebote stand, unterstützen würde. Er ließ ihm daher, anscheinend in wohlmeinendster Absicht, rathen, nur mit geringem Gefolge nach der Provence zu kommen, um die Bewohner nicht gegen sich aufzubringen. Der Graf folgte diesem Rath, und nun hatte man Zeit gewonnen zu weiteren Unterhandlungen hinter dem Rücken des Grafen, dessen Werbung man zu unterstützen heuchelte. Während die Emissäre Karls von Anjou durch Geld und Drohungen die Provençalen gewannen, verwendete die Königin-Mutter von Frankreich ihren Einfluss bei Innocenz IV. für ihren Sohn. Der Pabst war bald gewonnen; Raimund erhielt zwar von ihm die Confirmation seiner Ehescheidung,[1]) doch war es ihm nicht möglich, auch den Consens zur Heirath mit Beatrix zu erhalten. Was half ihm, dass er sich emsig um die Fürsprache des Königs von Aragon und der Königin Blanche bewarb! Beide versicherten ihn ihrer Unterstützung und sie waren doch vor Allen gegen ihn. Während Jacob von Aragon bewaffnet in die Provence rückte und Beatrix belagert hielt, um sie zur Heirath mit seinem Sohne zu zwingen, hatte Blanche auf einer Zusammenkunft mit dem Pabste seine Zustimmung zu der Ehe ihres Sohnes mit der Prinzessin erhalten. Nun drang Karl von Anjou mit einer Abtheilung französischer Truppen, welche Ludwig IX. schon zu seinem Kreuzzug versammelt hatte, über den Rhône, vertrieb mit leichter Mühe seine Rivalen aus der Provence und feierte bereits Ende Januar 1246 seine Hochzeit mit Beatrix.

So vollzog sich ohne nennenswerthes Eingreifen des Kaisers dieses wichtige Ereigniss, welches in Wahrheit das Ende der Herrschaft des Reiches in der Provence bezeichnet. Nicht so die Verbindung des neuen Herrschers mit dem französischen König, als vielmehr seine Persönlichkeit selbst, die keine Autorität über sich zu dulden geneigt war, sondern, gestützt auf die Mittel seiner übrigen Besitzungen, mit rücksichtsloser Energie und glänzendem politischen Talent die eigene überall durchzusetzen strebte, ließ eine Geltung der kaiserlichen Souveränetät in der Provence nicht mehr aufkommen. Und als dann drei Jahre später Raimund von Toulouse

---

[1]) 25. Sept. 1245. Lyon; **Teulet** 585.

sein vielbewegtes Leben schloss und damit das Venaissin ebenfalls
in den Besitz der Capetinger kam, hätte selbst ein kräftiger deut-
scher Kaiser seine Rechte nicht mehr geltend machen können, um
wie viel weniger die schwachen Herrscher des Interregnums. — —

Während Friedrich II. diese Vorgänge, welche alle seine früheren Bemühungen in der Provence mit einem Schlage zerstörten,
nicht hinderte oder nicht hindern konnte, ließ er doch das Arelat
im Allgemeinen nicht ganz außer Augen.

Nur war es jetzt nicht mehr das Interesse für dies Reich selbst,
was ihn hierzu bewog, sondern seine Verbindung mit einigen Großen,
besonders der nördlicheren Theile, war nur Mittel zum Zwecke der
Invasion, die er gegen den Pabst und das Concil von Lyon um diese
Zeit plante.

Vielleicht sind die beiden Diplome für die Herren von Beaujeu
und La Tour vom Sommer 1245 schon in diesem Sinne aufzufassen.[1])
Zu Turin[2]) erhielt Humbert von Beaujeu im Juli ein Lehen von
100 Mark Silber aus der kaiserlichen Kammer, das jeden Pfingsten
so lange gezahlt werden sollte, bis es durch Land ersetzt würde. —
Im September 1245[3]) bestätigte der Kaiser dem Albert von La
Tour-du-Pin und Coligny, seinem Getreuen, einen Zoll von drei
Solidi und zwei Denaren, den er durch kaiserliche Gunst in seinen
reichsunmittelbaren Besitzungen zu erheben gewohnt war. —

Mehr Gestalt gewann schon der Plan Friedrichs II., von der
Lombardei aus gegen Lyon zu rücken, durch den Anschluss des
mächtigen Grafen von Savoien an die kaiserliche Sache. In Chambéry
— wohin auch die Großen des Reichs zum Frühjahr 1247 „cum
armis" berufen waren — kam am 21. April[4]) ein Vertrag zu Stande,

---

1) Hüffer (Lyon 89) fasst sie so auf, und spricht dabei von Diplomen
für burg. Städte, mit gleicher Tendenz verliehen; doch haben wir solche
nicht; aus Matth. Paris (zu 1250; s. u.) auf solche zu schließen, ist gewagt,
die Notiz gar mit Friedrichs Plan gegen Lyon in Zusammenhang zu bringen,
falsch.

2) 1245, Juli, Turin. Winkelmann Urk. 383. Die Herren von
Beaujeu sind aber schon lange französ. Vasallen; ihr Gebiet lag auf der
rechten Rhône-Seite in Lyonnais. Sollte er vielleicht als Abgesandter jenes
Bunds franz. Edle, mit dem Friedrich 1246 in Verbindung gegen die Kirche
steht (Hüffer 89), beim Kaiser gewesen sein?

3) Parma. Valbonnais I, 189.

4) HB. VI, 527.

in welchem Walter von Ocra, kaiserlicher Notar, im Namen Friedrichs, sich dafür verpflichtete, dass Manfred, der Sohn des Kaisers, die Tochter des Grafen von Savoien, Beatrix, heirathen sollte. Manfred sollte dann das ganze Land von Pavia bis Genua und an die Alpen zu Lehn erhalten; dann heisst es: et „dabit (sc. Friedrich II.) ei regnum Arelatense, quando imperatori de consilio ejusdem comitis videbitur expedire." Hier also taucht der alte Gedanke, dem Arelat einen König zu geben, wieder auf. Diesmal aber ist es, wie dann nachher unter Rudolf von Habsburg, der Sohn des Kaisers, der das Reich erhalten soll. Da wir indess später, auch nach der wirklich erfolgten Vermählung Manfreds mit Beatrix, nichts mehr von diesem Projekt hören, so entsteht die Frage, ob wir in den bezüglichen Worten des Vertrags nur ein leeres Versprechen des Kaisers sehen müssen, oder ob derselbe in der That mit dem Plane umging, sein bisheriges System zu ändern und Burgund unter einen selbstständigen Herrn zu stellen. Man könnte eher das letztere annehmen, indem auch aus dem noch zu besprechenden Testament Friedrichs hervorgeht, dass der Gedanke, einen seiner Söhne mit dem Arelat auszustatten, den Kaiser in seinen letzten Jahren, wo ihm selbst für die Angelegenheiten dieser Gebiete die Muße fehlte, beschäftigt hat. [1] — — — —

Durch die erneute Verbindung mit Savoien gewann der Kaiser auch wieder Beziehungen zu dem mächtigsten Barone der Dauphiné, zu Guignes VIII. von Vienne, der 1241 Beatrix von Savoien [2] geheirathet hatte. Er erhielt im Juni 1247 [3] die Bestätigung aller seiner Güter, besonders der Grafschaften Gap und Embrun, welche er durch Kauf erworben hatte; [4] zugleich gestattete der Kaiser, dass er seine Allodien in Albon, Grénoble und Vienne vom Reiche zu Lehn nähme, mit dem Versprechen, dafür demselben die schuldigen Dienste leisten zu wollen.

---

1) Ganz falsch ist die Angabe bei Warnkönig und Stein (franz. Rechtsgesch. I, 197), wonach Friedrich II. 1247 den Dauphin Guignes VIII. zum König des Arelats ernannt hätte.

2) Die Tochter Peters von Savoien.

3) Chieri. HB. V, 542.

4) Von seiner Tochter Beatrix, der Erbin ihrer Mutter, welche als Nichte Wilhelms von Forcalquier aus dessen Nachlass Gap und Embrun erhielt.

Diese wichtige Lehnsauftragung zeigt, wie ganz ergeben der Dauphin damals dem Kaiser war, und letzterer hätte nun mit Hilfe der Grafen von Savoien, Vienne, Montferrat u. A. ohne Weiteres sein Vorhaben gegen Lyon ausführen können, — was auch für die Erneuerung der kaiserlichen Autorität in Burgund die wohlthätigsten Folgen hätte haben müssen, — wenn nicht um diese Zeit der verhängnissvolle Abfall von Parma ihn zurückgerufen hätte.

Als sich der Kaiser im nächsten Jahre wieder dem Westen der Lombardei näherte und in Vercelli einen großen Hoftag abhielt, wo besonders Amadeus von Savoien für seine Dienste belohnt wurde, erhielt auch der Dauphin daselbst eine neue Vergabung: Friedrich gewährte ihm ein jährliches Lehen von 300 Unzen Goldes, jeden Ostern von der kaiserlichen Kammer zu zahlen, so lange der Dauphin bei seiner Treue beharren würde.[1]) Sein Kämmerer erhielt ein Lehen gleicher Art im Betrage von 15 Unzen.[2]) Ob mit diesem Geschenken wirkliche Dienste des Dauphins belohnt wurden, lässt sich nicht entscheiden; man könnte es aber glauben, da unter den Truppen, welche dem Kaiser bei der Belagerung von Parma zu Hilfe zogen, auch burgundische erwähnt werden[3]) und man hierbei doch vor Allem an ein Hilfscorps des Dauphins denken müsste.

Jedenfalls hatte sich Friedrich II. im Arelat wieder eine neue Stütze erworben, so dass Innocenz in Lyon daran denken musste, weitere Erfolge des Kaisers daselbst zu vereiteln. Auf Weihnachten 1248 berief er die Prälaten des südlichen Frankreichs zu einem Concil[4]) nach Valence, unter dem Vorsitz des Cardinals Peter von Alba. Aus dem Arelat erschienen die Erzbischöfe von Vienne, Arles und Aix nebst vielen Bischöfen.[5]) Hier wurde Friedrich II. und alle seine Anhänger excommunicirt und sämmtliche Anwesende vereidigt, dass sie ihm „qui est auctor discordiarum et turbator pacis" keine Hilfe leisten würden; vor Allem sollte ihn Niemand, wenn er nach dem Arelat kommen würde, aufnehmen und unterstützen, und ebenso wenig einem Nuntius mit kaiserlicher Vollmacht Gehor-

---

1) November 1248. HB. VI, 665.
2) Ibid. HB. VI, 680.
3) Salimbene (Monum. Parm. III, 1, 75).
4) Labbe Concilia XI, 696 ff.
5) Viviers, Marseille, Fréjus, Cavaillon, Carpentras, Avignon, Vaison, Die, Tricastin.

sam oder Dienste leisten, da sie nur den Frieden der Kirche zu
stören beabsichtigten.

Während so officiell im Arelat die Absetzung Friedrichs II.
ausgesprochen wurde, unterließ Innocenz IV. auch sonst nichts, die
mächtigeren Stände Burgunds der kaiserlichen Partei abwendig zu
machen. Es ist leicht zu verfolgen, wieviel allein die bloße Nähe
des Pabstes, der in Lyon im vollen Glanze seiner Macht die Geschicke der Christenheit bestimmte, in dieser Hinsicht wirkte; an
ihn wandten sich die Prälaten und Barone Burgunds, er entschied
ihre Streitigkeiten, bestätigte ihre Rechte und Verträge, er theilte
Strafen und Belohnungen nach Belieben zu. Dass er aber auch
durch reellere Mittel, als allein seine Autorität, zu wirken verstand,
erfahren wir von Matthaeus Paris. Er erzählt[1]) beim Tode Raimunds VII. („miles strennus et circumspectus et D. Papae amicissi-
mus"), derselbe habe beim Herannahen seines Endes dem Pabste
das Geld, welches ihm dieser zur Bekämpfung der Feinde der
Kirche, besonders des Grafen von Savoien, übergeben hatte, zurück-
gesandt. Aehnliches berichtet Matthaeus an einer andern Stelle:[2])
„Zu derselben Zeit schickte Friedrich II. einige Getreue nach Avignon und Arles[3]) und empfing von den Bürgern den Treueid. Als
der Pabst dies hörte, schmerzte es ihn sehr, dass er in diesen Städten
so viele Schätze unnütz vergeudet hatte."

Also auch in den großen Communen war Innocenz thätig gewesen, sich einen Anhang zu erkaufen, ohne dass ihm dies gelungen
wäre. Die kaiserliche Partei war hier noch immer recht stark und
dies zeigte sich am deutlichsten, als der Kaiser um 1249 den Versuch machte im Arelat wieder Verbindungen anzuknüpfen.

Die Verhältnisse lagen dafür sehr günstig. Karl von Anjou
hatte sich mit seinem Bruder Ludwig nach dem heiligen Lande begeben, die Regentschaft den Ministern der Provence überlassend.
Er hatte sich zwar von den Ständen seines neuen Besitzes huldigen
lassen, aber die Bezwingung der Widerstrebenden auf seine Rückkehr verspart. Zu diesen gehörten hauptsächlich die großen Communen. Sie hatten nach Raimund-Berengars Tode sogleich ihre
alte republikanische Verfassung wieder eingeführt und waren nicht

---

1) P. 516 (ed. Wats).
2) Zu 1250. (ed. Wats 528).
3) „Civitates nobilissimae, nec multum a Lugduno distantes."

geneigt, sich gutwillig dem neuen Herrscher zu unterwerfen. Sie merkten bald, dass in Karl von Anjou ein viel gefährlicherer Gewalthaber ihnen erstanden sei, als es Raimund-Berengar gewesen war. Letzterer und nicht minder der Kaiser hatten sich selbst nach Erlangung der Herrschaft mit geringen Vortheilen begnügt, im Ganzen den Städten ihre vollständige Freiheit und Organisation gelassen. Von Karl konnte man dies nicht erwarten; seine absolutistische Politik duldete keine Selbstständigkeit neben sich. So beschloss man, sich gegen den neuen Grafen nach Kräften zu wehren und benutzte die Zeit seiner Abwesenheit, sich zu gemeinsamer Vertheidigung zu stärken. Die drei Communen vereinigten sich in einem Bündniss, worin jede sich verpflichtete, im Frieden 50 Ritter, im Kriege 100 in's Feld zu stellen.[1])

Die aufgeregte Stimmung und die Besorgniss vor Karl zeigte sich auch im Innern der Städte in heftigen Bewegungen. Arles war nach dem Tode Raimund-Berengars zu den alten Consuln und Rektoren zurückgekehrt, jetzt 1248 erwählte man wieder einen Podesta. Allerdings keinen Ghibellinen, wie früher, sondern einen Verwandten des Pabstes selbst, Albert von Lavagua aus Genua. Unter ihm nun brachen die Streitigkeiten der Commune mit dem Erzbischof auf's Neue und heftiger, wie je, aus. Man fürchtete nicht mit Unrecht, dass Jean Baussan mit Karl von Anjou im Bunde stehe, um die Stadt demselben zu verrathen.[2]) Trotz der Einsprache des Podesta verhängte der Rath über ihn eine Art Interdikt,[3]) so dass er es bald für angezeigt hielt, die Stadt zu verlassen, wozu er demüthig um freies Geleit bat.[4]) Er begab sich nach Nismes.

Nun übertrug man das Podestariat an Barral de Baux, den langjährigen Parteigänger Raimunds von Toulouse, der auch in Avignon Podesta war und nun in der Provence eine höchst bedeutende Stellung einnahm. Trotz der Briefe des Erzbischofs und einer Gesandtschaft des Cardinals von Alba, der von Innocenz zur Friedensvermittlung abgeschickt war, wollte man in der Stadt nichts von einer Verständigung wissen.

---

1) Papon II, 332 Anm. Vgl. für das Folgende Anibert l. c. III, Cap. 11—13.

2) Ibidem III, 515.

3) Ibid. II, pr. no. 70. August 1248.

4) Ibid. no. 71. Sept. 1249.

Diese Stimmung in den Communen hielt Friedrich II. für zu günstig seinen Interessen, als dass er sie nicht hätte benutzen sollen. Was man schon aus jenem Concilsbeschluss von Valence schließen könnte, die Sendung neuer kaiserlichen Nuntien nach dem Arelat, wird durch Matth. Parisiens., wie wir sahen, bestätigt. Man nahm die Boten Friedrichs in Avignon und Arles bereitwillig auf und leistete ihnen sogar den Treueid: was die Communen früher nicht hatten thun wollen, bewirkte jetzt die Furcht vor der schlimmern Gewalt, gegen welche der wieder siegreiche Kaiser der einzige Schutz zu sein schien.[1]

Friedrichs Tod unterbrach jedoch bald die neuen Beziehungen. In seinem Testamente[2] hatte er auch für Arelat Bestimmungen getroffen; sein jüngster Sohn Heinrich sollte, nach Wahl seines Bruders Konrad, entweder das Reich Jerusalem oder das Arelat erhalten: beides in dieser Zeit gleich imaginäre Besitzthümer!

Denn wie bald verflog der neue Schein der kaiserlichen Souveränetät im Arelat, als nun Karl, aus dem heiligen Lande zurückgekehrt, 1251 in Verbindung mit seinem Bruder Alfons die Aufständischen mit Waffengewalt zu unterdrücken sich anschickte. Aber es bedurfte derselben kaum, Arles und Avignon waren schon gegen ihren Willen durch Verrath ihres Podestas an Karl überliefert. Es war jedenfalls die Einsicht von der Unhaltbarkeit der Stellung, welche die Communen gegen Karl einnahmen, dann auch der Eifer, dem Erzbischof, welcher ihn 1250 (Januar) excommunicirt hatte, in der Unterwerfung zuvorzukommen, der Barral de Baux bewog, im März 1250 mit Blanche einen Vertrag[3] zu schließen, in welchem er sich verpflichtete, die Städte Arles und Avignon den Prinzen Karl und Alfons zu überliefern. Jean Baussan beeilte sich, mit seiner Unterwerfung zu folgen; im November 1250 kam zu Nimes der Vertrag[4] zu Stande, worin der Erzbischof zum Nutzen seiner Kirche und „zur Vertheidigung gegen Kaiser Friedrich und seine nuntii" dem Grafen die Herrschaft und Jurisdiction der Stadt Arles übergiebt und dagegen seine Rechte zugesichert erhält.

---

1) Vgl. HB. Introd. p. 261.
2) 10. Dez. 1250. HB. VI, 807.
3) Vaissète III, pr. p. 480.
4) Papon II, pr. no 72, dann auch 73 u. 75.

Nun musste sich auch bald die Stadt ergeben (30. April 1251), eine Woche später auch Avignon. Nur Marseille hielt sich noch sieben Jahre gegen Karl. — — —

Wir stehen damit am Ende unserer Betrachtung. Noch Jahrhunderte lang ist das Arelat für das deutsche Reich, besonders in seinen politischen Beziehungen zu Frankreich, von höchster Bedeutung gewesen und ein näheres Eingehen auf diese Dinge, vor Allem unter Rudolf von Habsburg, würde von großem Interesse sein, — aber die Geschichte des Verhältnisses der deutschen Kaiser zum Arelat selbst ist mit dem Tode Friedrichs II. abgeschlossen, denn von einem Eingreifen der Kaiser in die inneren Angelegenheiten des Landes ist in Wahrheit kaum mehr die Rede gewesen. Rein formelle Akte, wie die Ernennung des Dauphins zum König des Arelats unter Ludwig dem Baier, oder die Königskrönung Karls IV. zu Arles, können nicht über den Mangel jeglicher Autorität der Kaiser in Burgund, besonders im Süden, täuschen. Und wäre auch nicht 1250 die traurige Zeit des Interregnums über Deutschland hereingebrochen, mit der Festsetzung der beiden französischen Prinzen im Süden des Arelats war jede Souveränetät der Kaiser in der Provence unverträglich. Man kann diese Thatsache nicht besser illustriren, als durch einige Vorfälle in der Provence kurz nach Karls von Anjou Regierungsantritt. Der Bischof von Sisteron hatte sich 1251 von König Wilhelm von Holland die Reichsunmittelbarkeit einiger seiner Besitzungen verbriefen lassen; kaum aber war Karl von Anjou aus Palästina zurückgekehrt, als er sofort den Bischof zwang, ausdrücklich auf jenes Privileg zu verzichten.[1] — Ebenso bezeichnend ist das Ende jenes fünfzigjährigen Streites über die Burg Pertuis, welchen nicht Kaiser noch Pabst hatten endgültig schlichten können; Karl durchhieb den Knoten mit dem Schwert und zwang beide Parteien, den Grafen von Sabran, wie den Abt von Montmajour, ihre Rechte an ihn abzutreten und zu Lehen zu nehmen.[2] Es war eben in der Provence eine Macht entstanden, die mit Strenge und Waffengewalt entschied, nicht mit Vermittelungen und Edikten, wie die Kaiser, und die selbst wenig geneigt war, jenen nachdruckslosen kaiserlichen Edikten Gehorsam zu leisten.

Es ist ein merkwürdiges Geschick, dass jener Mann, der dann

---

1) Bouche l. c. II, 470.

2) Ibidem.

später die staufische Herrschaft in Italien vernichtete und den letzten Staufer enthaupten ließ, schon lange vorher die Errungenschaften der Staufer, besonders Friedrichs II., im Arelat zerstörte, um von hier aus gegen das Lieblingsland derselben, Sicilien, vorzudringen. Und wie er letzteres auf Gesuch des Pabstes that, so hatte er demselben auch seine Erbfolge im Arelat zu verdanken, so dass der letzte Grund des Scheiterns der staufischen Pläne hier wie dort jener unselige Kampf zwischen Staat und Kirche war, woran Friedrich II. und sein Geschlecht zu Grunde gingen.

Und derselbe Kampf, der Widerstreit geistlicher und weltlicher, kirchlicher und staatlicher Gewalten ist es auch, der sich durch die ganze Zeit, für welche wir die Zustände und Ereignisse des Arelats verfolgt haben, hindurchzieht. Durch die daselbst in höchstem Grade ausgebildete Vereinigung geistlicher und weltlicher Macht in den Händen der Bischöfe und die dagegen sich auflehnenden Laienelemente der Barone und Communen war eine stete Friedlosigkeit und Anarchie im Lande entstanden; die staufischen Kaiser aber fanden kein besseres Mittel, dieselbe zu beseitigen, als durch feste Anlehnung an jene durch temporelle Macht hervorragenden Kirchenfürsten, welche man sich durch Privilegien und Bevorzugung aller Art gewann. Diese Politik aber musste naturgemäß ein Ende finden, als von Neuem der Kampf der Kirche gegen den Kaiser losbrach, als auf Geheiß des Pabstes die arelatischen Bischöfe vom Kaiser abfielen und somit die Stützen seiner Autorität zusammenbrachen. Daran knüpft sich dann der interessante Versuch Friedrichs II., zum Ersatz für die kirchlichen, neue und weltliche Grundlagen seiner Herrschaft zu finden, indem er einmal die in Italien erprobte Beamtenverwaltung auch im Arelat einrichtet, dann die mächtigen und reichen Communen für sich gewinnt und in ihrer alten Opposition gegen ihre Bischöfe unterstützt. Mit dieser Politik hatte Friedrich II. große und glänzende Erfolge errungen, die allerdings rasch vergingen, als sein Glücksstern in Italien erbleichte und er allein daran denken musste, sich hier aufrecht zu erhalten. Damit gewann die päbstliche Partei im Arelat freien Spielraum, und durch sie begünstigt auch die französische, beide schon lange verbunden, beide in gleichem Ehrgeiz aufstrebend. Die Albigenserkriege — auch wieder durch eine merkwürdige Vermischung religiöser und weltlicher Tendenzen in ihrem Verlaufe in die Augen fallend, — bezeichneten den Ausgangspunkt ihrer Machtstellung in Süd-Frank-

reich; die Errungenschaften dieser Kriege, — für das Pabstthum
die Inquisition, für das französische Königthum die Ausdehnung bis
an den Rhône und die enge Nachbarschaft des deutschen Reiches —
bildeten dann für die nächsten Jahrhunderte die wichtigsten Faktoren
ihrer Macht und Stärke; aus der Inquisition sog das Pabstthum
neue Kraft zur Universalherrschaft, aus der Nachbarschaft des schwachen Reichs das französische Königthum den fortwährenden Antrieb
zur Einmischung und zu kriegerischem Erfolg.

Das Objekt, wogegen sich die Feindschaft Beider richtete, war
das immermehr zerfallende deutsche Reich. Während das Pabstthum die Macht der Kaiser in Italien vernichtete, beseitigte Frankreich die letzten Reste der kaiserlichen Souveränetät im Arelat;
während die Päbste immer mehr Vorrechte der Kaiser für sich be-
anspruchten, riss Frankreich einen Theil Burgunds nach dem andern
vom Reiche ab; wie dann die päbstliche Autorität in Deutschland
selbst hemmend und schädlich eingriff, schritt auch das französische
Königthum und Kaiserthum vom Rhône bis zum Rhein erobernd
und plündernd vor, bis erst die Ereignisse der jüngsten Tage beiden
Bestrebungen ein Halt zugerufen haben.